浩宮さま

強く、たくましくとお育てした十年の記録

浜尾 実

PHP文庫

○本表紙図柄＝ロゼッタ・ストーン（大英博物館蔵）
○本表紙デザイン＋紋章＝上田晃郷

浩宮さま　目次

一　幼き日の思い出

私が決意した日　11
人間として立派に　26
美智子さまの育児心得ノート　42
オーちゃん、ごめんなさい　58

二　楽しかった幼稚園生活

集団の中で育つ抵抗力　77
ボク、大きくなりたい　93
詩情豊かな人に　109
独立心を育てる　126

三　少年時代のご教育

お父さまゆずりの制服　145
背番号3の浩宮さま　163
はじめての〝ひとり旅〟　179
お母さまとしての美智子さま　201
三人きょうだいの兄　218
皇室を継ぐ方として　241
御所を去る日に　256

あとがき　275
解説　笛吹雅子　日本テレビ 解説委員（皇室担当）　279

本文写真・著者所蔵

文庫化にあたって

本作品の著者である故・浜尾実氏は、皇太子明仁《あきひと》親王殿下（現在の上皇陛下）の東宮侍従《とうぐうじじゅう》として、浩宮《ひろのみや》さま（現在の天皇陛下）のご養育掛りを務めました（一歳三カ月からの約十年間）。

そして本書は、浜尾氏の著作として平成四（一九九二）年九月に刊行された単行本の文庫版であり、作品の時代背景や当時の事情、ならびに作品性を尊重するため、初出をもとに収録しております。

よって本文では、上皇陛下が今上《きんじょう》天皇（もしくは陛下）と記され、上皇后陛下は皇后さま（もしくは陛下）、美智子さまと記されています。天皇陛下、すなわち皇太子徳仁《なるひと》親王殿下（ご称号が「浩宮」）は、浩宮さま、宮さま、宮ちゃま、そして「ナルちゃん」とも記されています。

文脈に応じて、そうした補足が必要と思われる箇所には、編集部にて〔　〕内に適宜注記を施しております。

読者の皆さまにはご理解いただけますよう、お願い申し上げます。

令和六年十月

ＰＨＰ研究所

浩宮さま

一　幼き日の思い出

二十五歳で東宮侍従を拝命し、浩宮さまのご誕生と同時に、そのご養育掛りとして、自分のすべてをぶつけてきた十年間を、いま私は思い出深くかえりみる。

私が決意した日

私は、昭和四十六年四月一日をもって、東宮侍従《とうぐうじじゅう》の職を解《と》いていただいた。二十年三カ月間、今上天皇〔現在の上皇陛下〕のお側《そば》にお仕えしたことになる。東宮傅育官《ふいくかん》として、私が東京・渋谷の常盤松《ときわまつ》の東宮仮御所《かりごしょ》〔現・常磐松御用邸、常陸宮邸〕へうかがいはじめたころ、陛下はまだ学習院の高等科にご在学中であった。私は大学を卒業して三年目。陛下とは、年齢が八歳しかちがわなかった。人間として未熟であり、陛下の傅育官としての大任が務まるかどうか、まことに心もとなかった。

その後の二十年間に、陛下は大学コースへ進まれ、ご卒業後は独身青年として豊かな青春時代をお持ちになり、そして美智子さまとのご結婚、お子さまたちのご誕生というふうに、人間的に華麗《かれい》な成長を遂げられた。

そういう陛下のご成長を見守りつつ、私自身もまた成長するために、必死の努力をつづけなければならなかった。

いまふりかえってみると、宮内官としての二十年間の後半の十年間は、浩宮《ひろのみや》さま〔現在の天皇陛下〕とともにの人生であった。

今上天皇〔現在の上皇陛下〕の立太子礼を契機《けいき》に、東宮傅育官という役名はなくなって、東宮侍従と呼ばれるようになった。

しかし、私は、浩宮さまがはじめてのお誕生日をお迎えになって間もなく、もっぱら宮さまのお世話をする任務を与えられた。私の立場は、いわば、浩宮さまの傅育官であり、ご養育掛りであったが、そういう消えた役名を当てはめるだけでは説明しきれない部分も、あるにはあった。たとえば、両陛下がご公務でご旅行にお出ましになるときは、かならず、こう言われた。

「浜尾さん、ナルちゃんをよろしくお願いします」

お帰りになると、私をお呼びになった。

「留守中は、お世話さまでした」

初めてランドセルを背負われてご登校の朝。右は著者

そこには通りいっぺんのねぎらいだけではないものがある、と私はいつも感じたものだった。

浩宮さまは、両陛下にとって可愛いお子さまであるだけでなく、将来は皇太子になられ、さらに天皇の位を継承《けいしょう》なさるお方である。その宮さまを、両陛下のお留守のあいだ、両陛下にかわってお守りするという役目には、考えてみると、泣きたくなるほどの重さがあった。ゆきとどいたねぎらいのお言葉があるたびに、私は、その重さを感じないではいられなかった。

私は自分が未完成の人間だと知っているので、与えられた重い任務に立ち向かうひとつの姿勢を決めないことには、とても耐えられそうになかった。それは、よくても悪くても、私の全人間をぶつけるということであった。

幼い浩宮さまに、私は私の持っているすべてをぶつけた。その全力投球が、たとえ間違っていたり、効果の薄いものであったりすることがあったとしても、しょせん教育とは、それ以外にないのではないかという考え方にすがりつくほかに、私のとるべき道はないように思われた。

だから、私は、自分の子供を叱るように、浩宮さまを愛をもってお叱りしたことも、しばしばあった。そういう私の姿勢を、両陛下は、信頼をもって認めてくださった。

浩宮さまとともにの十年のあれこれを語る前に、私が東宮職を拝命したいきさつにふれておきたい。

私は、昭和二十三年に東京大学工学部を卒業すると同時に東洋化学に入社して、サラリーマン一年生になった。サラリーマンといっても、会社から「繊維の分析研究」というテーマを与えられて、母校の農学部へ通い、教授の指導を受けていたので、学究《がっきゅう》生活に近かった。私の母方の祖父（浜尾新《あらた》）も、父方の祖父（加藤弘之《ひろゆき》）も東大総長だったためか、私も学究生活に惹《ひ》かれるものがあり、毎日母校へ通う生活に喜びを感じていた。

昭和二十五年十月に、婚約した。私には恋愛をするような気のきいたところはないから、平凡な見合いであり、相手は、三井物産に勤めていた人の娘であった。

その婚約のすぐあとに、降って湧いたような話が持ち込まれた。東宮職の傅育官にならないかという宮内庁からのおすすめであった。

私にとっては降って湧いたような話であったが、いろいろ聞いてみて、いきさつがわかった。ひとつは、祖父の浜尾新が、東大総長を退官後、当時の東宮殿下（昭和天皇）のための東宮御学問所の副総裁（総裁は東郷《とうごう》平八郎海軍元帥《かいぐんげんすい》）を経て、東宮大夫《だいぶ》のお役目をしたということ。もうひとつは、東宮職には、皇太子殿下のお勉強相手に文科系統の人だけなので、理科系統の人間を入れたいという宮内庁の意向があったということだったそうである。

私は、気に入っていた研究生活をなげうって転進するということに、いくらかのためらいがあったが、名誉ある仕事であると感激もし、任務の重大さにやり甲斐《がい》も感じた。相当の決意を必要としたが、結局お受けすることになった。

余談になるが、私の婚約者の父は、私の決意で、たいそうガッカリしたそうである。というのは、将来の娘ムコが、繊維の会社にいれば、自分の会社との縁《えん》もあり、力になってもらえると楽しみにしていたらしいのである。

「契約違反だよ」と冗談まじりに言われたりして、私は、この期待を裏切るのはまことに心苦しかったが、それも事情やむを得なかった次第である。

ただ私は、まだ二十五歳の若輩《じゃくはい》であり、宮内庁当局の方たちが、自分に白羽の矢を立ててくださったのが見こみちがいだったという結果になりはしないかという不安はあった。その不安を救ってくれたのは、当時の東宮職の方たちのほとんどが、学習院時代の先輩だということであった。中には、先生だった方もおられた。清水侍従は、かつて私が学習院で西洋史を教わった恩師であり、戸田、黒木両侍従は学習院の先輩であった。

正式に東宮傅育官を拝命したのは、昭和二十六年一月であった。

この昭和二十六年という年の五月に、貞明《ていめい》皇后〔大正天皇の皇后〕がお亡くなりになった。貞明皇后は、申すまでもなく、今上天皇〔現在の上皇陛下〕のおばあさまである。人生の路線を変えて間もないときだったことでもあり、あのときの大きな悲しみは、私の心に強く灼《や》きついている。

宮内官を拝命後、まだ高校生であられた陛下のお相手をして、数学、物理、化学などの勉強をした思い出は、胸をしめつけられるほどになつかしい。

私は東大で応用化学を専攻したが、東宮職に転進したことを、友人に「さすがに応用がきくね」と言われたことがあった。陛下のお勉強のお相手をしながら、そのことを思い出し、「この応用に悔《く》いはない」と、自分に言いきかせたことであった。

このあとの十年間に、陛下のご結婚がある。その前後の思い出には語っても尽きないものがあるが、ここでの私のテーマは「浩宮さまのご教育」であるから、できるだけ早く、そのほうに話を進めて行きたい。

美智子さまのご懐妊《かいにん》が発表されたのは、昭和三十四年七月十五日であった。

その前から、東宮御所の建築計画が進められていた。設計は、東京工業大学の谷口吉郎《よしろう》教授。谷口先生は、多くの建築を手がけられた最高権威だったが、御所ははじめての経験であった。私は、設計の段階から、御所のご生活がどのようなものであるかを谷口先生に理解していただくためのお話をし、また両陛下のご意志を設計に反映させるための連絡係のような役割を仰せつかった。

各種レセプション、外国大公使引見《いんけん》など、御所としての公的機能を谷口先生の頭に入れていただいたことはもちろんであるが、そのほかに、とくに私が強調したことがある。

それは、両陛下が、いずれお生まれになるお子さまをお膝《ひざ》もとでお育てになるので、そのための間取り、設備などに留意していただきたいということであった。

いまではすでに今上天皇・皇后さま〔現在の上皇上皇后両陛下〕の育児法は、しごくあたりまえの感じで受けとられるようになっているが、当時、乳人《めのと》をやめて直接皇后さまの母乳でお育てになるということも、同じ屋根の下でご成長を見守られるということも、皇室においては前例のないことだったのである。新しい時代に即応したこの脱皮は、両陛下の若々しい進歩性と愛情を支えとしたご勇気が可能にしたものであった。

この進歩性とご勇気は、その後の浩宮さまのご教育にすがすがしく示されることになる……。

三十五年一月十一日、谷口先生をお招きになって、新御所の室内装飾の打ち合わせをされ、私も同席させていただいた。壁や床の材質、色などについて、谷口先生の意見を聞かれ、皇后さまがご希望をおっしゃるのだが、近くお生まれになるお子さまのお部屋については、とくにご熱心だった。ご熱心なだけでなく、たいそうお楽しそうであった。新しい住まいの設計は誰でも楽しいにちがいないが、両陛下は、皇室のしきたりを大切にしながらも、新しい時代にふさわしい生活設計に意欲を燃やしておられた。その意欲が、このひとときの打ち合わせをいっそう楽しいものにし、両陛下のお顔を輝かしているように私には思われたのであった。

陛下は、新御所の設計では、とくに庭園についてご熱心であり、ご希望も多く出された。陛下は、木がお好きなので、軽井沢から仮御所の庭に移し植えられたシラカバ類やサワラ、ヒノキ、モミ、トウヒなどの針葉樹を新御所へ移すことを望まれ、それもご指示にしたがって、谷口先生と私が相談しながら、庭園の設計を固《かた》めて行った。

私は、そのことで、シラカバと一口に言ってもいろいろな種類があり、ダケカンバ、ウダイカンバなどという同じ類の木があることを教えていただいた。そのとき私は、昭和天皇ゆずりの科学者的なご資質を感じたりしたものだった。

新御所の設計が進んでいる過程のことは、私にとっても楽しい思い出ばかりである。それは、その新御所が、やがてお生まれになるお子さまをまじえた、新しいご家庭のあり方を象徴するものだという思いがあったからかも知れない。

浩宮さまは、新御所が落成《らくせい》する二カ月ほど前の三十五年二月二十三日にお生まれになった。場所は、設備が十分に整っていない宮内庁病院の急ごしらえのお産室。当時の資料を見ると、体重二・五キロ、身長四七センチで標準よりすこしお小さかったと記されている。

しかし、百二十二日目のお箸初《はしぞ》めの日は、体重六・五五キロ、身長六一・五センチで、順調なご成育《せいいく》ぶりである。あとで聞いたことだが、このお箸初めの日の体重と身長は、陛下のそれを上回《うわまわ》るものがあって、陛下はそのことをたいそうお喜びだったそうである。お誕生時の体重と身長がややお小さかったのは、予定日よりすこし早くお生まれになったためであった。そのことを承知していらっしゃる陛下だが、お箸初めの日のお喜びには、父としての無邪気さがあふれていて、ほほえましかった。

東宮新御所の落成式が行なわれたのは、三十五年四月二十七日。今上天皇・皇后さまと浩宮さまが葉山《はやま》のご静養先からお引っ越しをなさったのは、二カ月後の六月十八日であった。このお引っ越しの日に、私は常盤松の東宮仮御所でお荷物のお引っ越しの指揮に当たった。

陛下はご蔵書が多い。それをつぎつぎにトラックで新御所へ送りこんだのだが、私の指揮ぶりがいささか乱れて、秩序だてて搬入されなかったために、分類がめちゃくちゃになってしまった。

あれから長い歳月がたつが、陛下のご蔵書は、いまだにどこか分類がきちんとできていない部分があるのではないかと思う。それは、すべて私の指揮の失敗によるものである。私は東宮侍従を退いたいまでも、自分の書棚の前に立つときなどに、ふとそのことを思い出し、陛下に申しわけないような気持ちでいる。

思いがけないことが、それから約十一カ月後に起こった。私は、「浩宮さまのご養育に専念するように」という内命を受けたのである。

お誕生からしばらくの間は、美智子さまが直接授乳なさった。お側でお世話申し上げたのは、三人の看護婦さんだった。それから人工栄養への切りかえ、離乳期への準備などが、美智子さまの綿密なプランによってすすめられた。

ただ、三十六年の五月ごろまでに、私は、つぎのようなことを聞かされていた。「両陛下は、これからの浩宮さまのご教育掛りを看護婦でなく男性にしたいというお考えを持っていらっしゃる。男のお子さまの心身の成長を見守るのは、男性のほうが適当だからだ。そしてそれは、侍従の中から選ばれるだろう」

私は、それを、正直なところ他人事《ひとごと》のように聞いていた。ところが、五月上旬のある日、私にそれを引き受けてほしいという内命があり、五月十七日に、両陛下から正式にご下命があった。

私は、十年前に、はじめて東宮傅育官をお受けしたときと同じような緊張をおぼえた。

（自分は、その責任に耐えられるだろうか……）という反省が、また頭をもちあげた。

ただ、私にもあるいは資格のひとつとして数えられるかも知れないものはあった。それは、私が一男四女の父であり、末の娘が浩宮さまと同年だったということであった。

さらに、考えてみると、教育の専門家を外部から招かれなかったということにも、両陛下の深いご配慮があるようだった。というのは、お子さまのご教育には、ご両親のお考えや日常のご生活をよくのみこんでいることが前提条件になる。その意味で、侍従は、形式的には役職であるかも知れないが、じっさいは両陛下の公私のご生活に絶えず接触している人間である。とくに私は、陛下の高校時代からお勉強やスポーツのお相手をさせていただいてきた。あるときは友だちのように、あるときはすこしは役に立つことを言う兄貴分のような役割を果したこともあった。

私は思った――ここで、任務の重さにたじろぐのは、両陛下の自分に対するご信頼を裏切ることではないだろうか、と。

私は決意し、両陛下にこうお答え申し上げた。

「どの程度ご期待にお応《こた》えできるか自信はございませんが、一生懸命につとめさせていただきます」

そのときはっきり意識したわけではないが、私の基本的な姿勢は、すでに決まっていた、と思う。

(なによりも、宮さまが一人の人間としてご立派におなりになることを両陛下は望んでいらっしゃるにちがいない。それには、私が私の人間のすべてをぶつけて、そのふれ合いから何かを学ぶキッカケをつかんでいただくのが一番だ……)

いやしくも教育というからには、お相手が浩宮さまであっても、私に権威と信念が必要だった。その権威と信念を持ち得たのは、両陛下の「まかせた以上は、多少の行きすぎや不足があっても、浜尾のやり方を認める」というスジの通った寛大さであった。その点、両陛下は心豊かな教育者であられた。私が小さな失敗や間違いをおかしながらも、まずまず大局を誤らなかったのは、全く両陛下のその寛大さのおかげであった。

私が浩宮さまのご教育の掛《かか》りとして専念する決意をした五月十七日は、奇《く》しくも、私がはじめて宮内官を拝命した年にお亡くなりになった、貞明皇后の十年祭の日であった。

大任をお受けした私は、心の中で、貞明皇后の霊《みたま》のご加護《かご》をお祈りした。その祈りは、それから十年後に退官する日まで、私の心から離れたことがなかった。

人間として立派に

浩宮さまのご養育を担当するようにというご下命があった日、皇后さま〔現在の上皇后陛下〕は、私につぎのような意味のことを言われた。

「しばらくは、三人の看護婦さんが、ナルちゃんをどのように扱っているかを、観察してみてください。すぐには判断のつかないこともあるかと思いますが、だんだんと、わかっていただけるでしょう。お互いによくお話し合いをしながら、その都《つ》度《ど》いい方法を選んでゆくことにしたいと思います」

陛下〔現在の上皇陛下〕も皇后さまも、なにごともきめつけるようにはおっしゃらないお人柄であったが、私は、そのやさしいお言葉を聞きながら、浩宮さまのご養育に、両陛下が、単にご両親であるという以上に、お心を注《そそ》がれていることを、いまさらのように痛感した。

浩宮さまは、両陛下のお子さまであると同時に、遠い将来は、国民の象徴としての皇位《こうい》を継《つ》がれる方である。浩宮さまのご養育については、ご両親としての愛情に加えて、重い責任があるということを、両陛下ともに自覚していらっしゃるはずであった。そのことをふくめて、私は自分に命じられた任務の大きさを、あらためて考えた。

たとえようのない緊張感が、私の身体と心を締めつけた。

浩宮さまと私が、はじめて〝二人だけの時間〟を持ったのは、それから数日後のことであった。

その日、空は朝から晴れわたり、東宮御所の白樺の若葉が私の眼にしみた。東宮御所の庭は、芝生で、ところどころ木立があり、そこにある浩宮さまのための砂場は、両陛下が「ナルちゃん」の遊び場としてわずかな地面を掘りおこされたものであった。その砂場で、宮さまは、しゃがみこんで、熱心に、砂山をつくっておられた。私は、これから自分の長くきびしい道がはじまるのだという感動のようなものをおぼえながら、しかし、宮さまには、さり気ないいつもの笑顔に見えるように振《ふ》る舞《ま》いながら、ゆっくりと砂場のほうへ歩いて行った。

ただの砂遊びがこんなに疲れるものか――というのが、その日の私の正直な感想であった。

砂場でのひとときに、どんなことがあったかは、私は、いま思い出すことができない。

それは、私の緊張感が強かったためでもあろうが、なんといっても、浩宮さまが、まだ一歳三カ月にしかなられていなかったからであろう。

やっとカタコトのお話がおできになるようにはなっておられたのではないだろうか。いや、お話というよりも、短い言葉が、愛らしい唇から洩《も》れるというだけだったろう。「ブーブー」「ワンワン」「ナイナイ」などという、すこしカン高く澄んだお声が、私の記憶に、かすかに残っている。

私は、身分上はひとりの宮内官であり、職域《しょくいき》としては東宮職員であったが、浩宮さまのご養育を担当するという任務の内容から考えると、そういう職制の枠の中におさまって安心してはいられなかった。

なによりもまず、ご両親としての両陛下が、浩宮さまを、どのようにお育てになろうとしておられるかを、よく理解することが必要であった。そのことを理解した上で、私が私なりに考えること、感ずることを、意見として申し上げたり行動に移したりすることが、私の任務でなければならなかった。

さしあたって私は、浩宮さまのお遊び相手であったが、陛下にも皇后さまにも、みごとというほかはないほど、公平に似ていらっしゃる宮さまのあどけないお顔を見ながら、私は、それまでの一年三カ月のことを、頭の中に整理していた。

両陛下が、お子さまを同じ屋根の下でお育てになろうとお考えになったのは、いつごろのことであろうか。同じ屋根の下で、ということは、もっと端的《たんてき》に、最近一般によく使われる言葉で言えば、スキンシップ（肌のふれあい）を大切にする育て方、ということである。

いつごろからということを、私はあらためて両陛下にお伺いしたことはないが、私なりに思い当たる節《ふし》は、いくつかあった。

両陛下がまだご婚約時代、皇后さま（当時は正田《しょうだ》美智子さん）が、常盤松《ときわまつ》へお見えになると、お話の中に、私も加えていただくことがあった。それは、お二人のお話が、赤坂の東宮新御所の設計にふれるようなときである。私が設計の谷口先生との連絡を受け持っていた関係で、そのような成り行きになったわけである。

そのようなお話し合いのとき、すでに、お子さまのための部屋を設《もう》けられること
はもちろん、壁は汚れの落ちやすいビニールにして明るい雰囲気にすること、床は
転《ころ》んでもケガをしないスポンジ・シートにすることなどという具体案がでた。

そういうことから想像すると、お子さまのための教育理念は、かなり早くから両
陛下のご胸中に確たる像として描かれていたものと思われる。

お子さまをお膝もとにおき、スキンシップを大切にする育て方をなさるというこ
とは、一例をあげると、乳人制をやめるということにも現われていた。

陛下の場合は、お生まれになってすぐ、一日に一、二回皇太后さま〔香淳皇后〕
のお乳をふくまれる短い時期があったにせよ、ほとんど乳人によって育てられた。
乳人制は、皇室の伝統的なやり方であった。

両陛下は、その方法をおとりにならなかった。これは、浩宮さまのご養育として
は、大きな意味を持つ。しかし、乳人制の廃止について、一般に、誤解とまではい
かないにしても、微妙な意味のとり違いがあるようなので、この機会にちょっとふ
れておきたい。

多くの人は、両陛下が乳人制を否定して、新しい方法をお選びになったと思って

いるようだが、それは、真実ではない。

陛下がお生まれになったときは、ご両親はすでに天皇・皇后陛下であられた。浩宮さまがお生まれになったときは、ご両親は、皇太子・同妃殿下であられた。このお立場の違いは、重要である。天皇・皇后陛下としてのお立場では、スキンシップを大切にするご養育ということを願われたとしても、ご公務その他のことでなかなかそうはいかない事情が多い。皇太子・同妃殿下のお立場なら——ご公務は決してすくなくはないが——どちらかというと、自由なご選択の範囲が広い。

今上天皇ご夫妻は、乳人制への批判や否定からではなく、ごく自然に、ご自分たちがなさりたいと思われる方法をお選びになった——そういうふうに言ったほうが、真実に近いだろうと私は思う。

皇后さまが、ご婚約時代にすでに育児についての、ある程度はっきりしたご方針をお持ちだったことは、いまふり返ってみて、頭の下がる思いがする。

ういういしい感受性をお持ちになり、すべてに研究的な姿勢で向かわれるところのある皇后さまが、近い将来に現実となる育児ということについても、かなりお勉強をなさっただろうことは、想像に難《かた》くない。

こういうことは、一般に本による知識の吸収もさることながら、母親から受け継がれることも、重要な役割を果たすものだ。皇后さまの場合も、お母さまの正田富《ふ》美子《みこ》夫人のご薫陶《くんとう》を見逃がすことはできないだろう。

私は、皇后さまに直接お確かめしたことはないが、皇后さまが、お母さまからいただいた〝育児日誌〟を大切にされていることを耳にしていた。それは、正田ご夫妻がかつてドイツに住んでおられたときに生まれたお子さん、巖《いわお》さんの赤ちゃん時代の記録で、ドイツで学んだ新しい方法を大胆にとりいれたものだということであった。

皇后さまは、授乳、おムツのとりかえ、入浴など、原則としてみんなご自分でなさった。私が浩宮さまのご養育を担当したころは、授乳期のずっとあとだが、皇后さまの折りにふれてのお言葉や看護婦さんの話から、私はそのことを頭に入れておいた。

私は、当時のことを回想しながら、いろいろな資料に当たってみた。雑誌『婦人生活』の昭和三十五年九月号に、皇后さまの育児ぶりが、掲載されている。私がおおよそ聞いていたこととほとんど同じなので、一部を引用させていただくことにする。

「授乳は午前六時、同十時、午後二時、同六時、同十時の五回。美智子さまはお乳の出がとてもよくて、浩宮さまがご誕生間もないころ、おそばの人がお乳の出ない産婦の話をお聞かせすると『私のを分けてあげたいくらいね』とおっしゃったほどだ。現在では母乳と牛乳とだいたい半々。またこのほか、お箸初めの日から午後四時半に野菜スープをお与えになっている。

浩宮さまの日光浴は一日数回、美智子さまが抱いたり、乳母車を押したりして、私室のテラスや庭に出られる。美智子さまは美しいお声で浩宮さまに子守唄などをよくお唄《うた》いになっておられる。世の母と子と変わらない平和そのものの光景で、女官さんたちは『ほんとうにいいお母さまねえ』と、ほのぼのとした思いになるという。

美智子さまが世の母親と違ってかなえられない望みは、ベビー用品をデパートで見て回ること。カタログや見本をとり寄せて買っておられる。だが、赤ちゃんの肌《はだ》着《ぎ》とおむつはすべて美智子さまのお手製品だ」

皇后さまのなさり方が、よく伝えられていると思う。

浩宮さまの離乳は、お誕生六カ月後の三十五年八月末か九月ごろには、終わっていたようだ。これは、両陛下が九月下旬から十月初旬にかけて、アメリカ旅行をなさったこととも関連があっただろうが、真夏の難しい時期に離乳に成功していることは、皇后さまのお上手な育児ぶりと、宮さまの順調な発育ぶりを物語っている。

六月一日に、浩宮さまの御用掛りとして、緒方《おがた》安雄博士にお世話をお願いすることが正式に決まっている。緒方先生は、かつて陛下の侍医《じい》であられた方である。

そのころのエピソードとして、私の記憶に残っていることがひとつある。

緒方先生がある日、皇后さまにこう申し上げた。

「ご自分でマメにお世話なさることはけっこうですが、いろいろとご公務もあることですから、むしろ、すこしずつ手を離すということを心掛けていただいたほうがいいのではないでしょうか」

すると、皇后さまは、こうお答えになった。

「だんだんとそうしなければいけないと思っています。それだけに、いまできるだけ自分で手をかけておきたいという気持ちが強いのです」

こうしてすくすくとお育ちになった浩宮さまは、私がご養育を担当する三カ月ほど前の第一回のお誕生日（三十六年二月二十三日）には、身長七四センチ、体重一二・一キロであった。

当時私は、浩宮さまを「宮ちゃま」とお呼びしていた。両陛下は「ナルちゃん」であった。

間もなく、浩宮さまは、私のことを「オーちゃん」と呼ばれるようになった。いつごろからそうなったかは、どうしても思い出すことができないが、いずれにせよ私が宮さまのお相手をするようになってから、そう間をおいてのことではなかったと思う。砂場ではじめてお遊びのお相手をしたときは、いくつかの単語を口にされただけの浩宮さまが、間もなく「オーちゃん」と呼んでくださるようになったのだから、お言葉は、そのころを境にして、めきめきと上達なさったにちがいない。

そのころの、浩宮さまの言語録が残っているので、ついでに、記録しておくことにしよう。

ワンワン、ブーブー（自動車）、パパ、ママ、タータ（くつした）、チェンチェ

（侍医の先生）、アカ（色の赤）……。

　両陛下は、ふつうは私のことを「浜尾さん」とお呼びになるのだが、浩宮さまをまじえてのときは、やはり「オーちゃん」であった。

　ご入浴は、皇后さまあるいは陛下とごいっしょのことが多かったが、両陛下おそろいでご旅行とか、御所へのお帰りが遅くなられるときは、私がごいっしょした。

　ふだんは二階のお風呂場だが、私がごいっしょに入浴するときは、階下の宮さま用のお風呂場を使った。プラスティックのボート、アヒル、ボールなどで遊びながら入浴される。ボールを浴槽の底に押しつけ手を離すと、勢いよく水面に飛び出し、お顔にしぶきがかかる。それを喜ばれて、いつまでもくり返された。

　お風呂で遊ぶことがお好きで「モット、モット！」と、いつまでもあがろうとなさらない。私は、のぼせてしまって、頭のてっぺんから湯気が出るような思いをすることがしばしばだった。

　両陛下がお留守の間、浩宮さまをお預かりする責任は重かった。ご両親としての両陛下に対する責任はもとより、国民すべてに対する責任があった。

（お風邪をひかれたらどうしようか。おケガでもあったら、なんとお詫《わ》びしよう

か）

お遊びのお相手をしながら、私は、そんなことばかり心配した。そのころの私は、正直なところ、官舎にもどっても、自分の子どもたちの相手をする気力がないほどつかれ果てていた。

話がずっと後のことになるが、礼宮《あやのみや》さま〔現在の秋篠宮皇嗣殿下〕がお生まれになってしばらく経ったころ、こんなことがあった。

両陛下がご旅行からお帰りになって、正面玄関のところで、職員一同がお迎えした。車をお降りになった皇后さまは、浩宮さまが赤ちゃん時代にそうなさったように、すぐに看護婦さんの両腕の中の礼宮さまを抱きとられた。そのとたんに、看護婦さんが、たまりかねたように泣き出してしまったのである。私には、その看護婦さんの気持ちが、自分のことのようによくわかった。

「お留守中、なにごともございませんでした。これで、宮さまをお返ししましたよ」

と安堵《あんど》した瞬間、それまでの張りつめた気持ちが堰《せき》をきって、嗚咽《おえつ》になったのである。

男の私は、涙こそ出したことはなかったが、浩宮さまとの十年間は、そういうことのくり返しであった。「人事を尽くして天命を待つ」という言葉があるが、誇張《こちょう》なしに、私は、いつもそういう気持ちであった。大任をお受けした以上は、人事を尽くして、天に在《まし》ます神に祈るほかはない——そういう覚悟のようなものを、私は自分の支えにした。

一般に二歳前後からは、すでにしつけということがはじまっていなければならないだろう。浩宮さまの場合も、そうであった。

しつけの基本的な方向づけのようなことについて、陛下あるいは皇后さまから、あらたまったかたちでうかがったことはなかった。

しかし、両陛下の日常のご生活に接触しながら、浩宮さまのことについて、折りにふれてのお話がつもり重なるとそこにおのずから、お考えの基本になるものを見出すことはできた。そのようにして私が感じたものに私なりの考えも加えた両陛下と私との〝統一見解〟ともいえるものは、つぎのように要約することができるだろう。

人間としてご立派な方になっていただきたいこと。そして、どんな境遇におかれても、その現実に耐えて人間らしいご立派さをつらぬく強さを持っていただきたいこと。

これが基本的な方針であった。

二歳のお誕生日をお迎えになるころまでに、「していいこと」と、「してはいけないこと」があるということを、わかっていただくしつけがはじまっていたと思う。浩宮さまなりの幼いご生活の中で、たとえば、ボールは投げてもいいが、スプーンは投げてはいけない、というふうなことがある。お話ししてわかっていただけるわけではないので、身体でおぼえていただくための工夫をする。それも一度でおわかりにならない。根気のいるくり返しが必要であった。身体でおぼえていただくということでは、いま思い出しても冷や汗が出るようなことがあった。

浩宮さまが、なにか手近なものをすぐ口に入れられるということが目立ちはじめた。これは、すべての幼児に、かならずおこる現象が浩宮さまにもおこっただけのことだが、皇后さまのご意向で、その都度「イケマセン」とご注意してゆくことにしていた。危険なものを飲みこまれるといけないということもあった。

ある日、お遊戯室《ゆうぎ》で積み木の小さいのをお口に持っていかれた。色がはげる心配もあったので「宮ちゃま、イケマセン」と申し上げたが、お聞きにならない。何回かくり返したが、その日は、宮さまのご気分がすこし反抗的になっておられたのか、頑《がん》としてお聞きにならないのであった。「イケマセン！」――何度目かの私の声は、すこし大きくなっていた。同時に私は、手をのばして、その積み木をとりあげようとしたのだろうと思う。しかし、私の手は、反対に、その積み木を、宮さまのお口の中に押しこんでしまっていたのである。

当然の結果として、宮さまは、まことに元気なお声で泣き出し、女官が、何ごとかとあわてふためきながら飛んできた。私は、ちょっとした感情の乱れに負けた自分を恥じたが、それ以来、宮さまは、積み木をお口に持ってゆかれることはなくなった。

身体でおぼえていただく年齢だから、お尻を叩いたり、暗いところに閉じこめるというふうな強硬手段も、ときにはとらざるを得なかった。

それらのことを、両陛下は、すべて認めてくださった。浩宮さまがもうすこし大きくなられて、お話ししてわかっていただくことが多くなったころは、宮さまを前にして「オーちゃんの言う通りにしなければいけません」と言われることがよくあった。

それだけではない。私は、浩宮さまのご教育のためには、ご両親もこうあらねばならないという気持ちから、両陛下に苦言《くげん》を申し上げるようなことさえもあえてした。

両陛下に苦言を申し上げることも必要だと私が考えたことについては、説明が要《い》る。そのこともふくめて、次項では、浩宮さまのご教育の具体的なことについての私の体験を、もうすこしくわしく述べてみたい。

美智子さまの育児心得ノート

浩宮さまが、満一歳半になられた昭和三十六年の夏のある日、今上天皇・皇后さま〔現在の上皇上皇后両陛下〕と浩宮さまがおそろいで、記者会見にのぞまれたことがあった。

そのとき、陛下は、浩宮さまにやさしい眼差《まなざ》しをそそぎながら、こう言われた。

「私の育った環境では、重いものを持ったり動かしたりすることがすくないので、どうしても足腰が弱くなりがちだった。私は自分の経験から、そのことを痛感しているので、子どもは小さいときから、できるだけ足腰を鍛えようと思っている」

これは、もちろん私にもふだんお話しになっていることであった。たとえば、陛下がごいっしょにお風呂にお入りになるときなど、ハダカの宮さまの両手をつかんで持ちあげたり、ぐるぐるまわされたりなさった。御所のお庭には、自然の姿のままの大きな木が多いが、陛下はお暇を見ては宮さまを連《つ》れ出し、その木の枝にぶらさがるように言われたりした。木の切り株から、ピョンと飛びおりる練習もおさせになった。御所の中でも、階段の二段目くらいから、身軽に飛びおりるのが、なかなかお上手で、宮さまは、得意満面の表情で私たちに見せたがられたものである。

陛下も皇后さまも、子どもの喜びそうなこと、興味を持つことをうまく利用して、折りにふれて鍛練をなさる。その点では、心にくいほどゆき届いたご両親であった。

おもちゃのスポーツカーに長い紐《ひも》をつけて芝生のスロープを転がす。浩宮さまは、それを追いかけて、ヨチヨチとおりてゆかれる。こんどは、陛下と皇后さまが、そろそろと紐を引かれる。宮さまは、それを追って、スロープを、一生懸命にあがってこられる。

それは、ほんとうに美しくほほえましい眺《なが》めであったが、楽しそうな両陛下のお顔に、私は、強い子になれとの願いが込められていることが、よくわかった。

そんなわけで、浩宮さまは、お見かけしただけではちょっと想像がつかないほど、足腰が強くなっておられた。そして、その足腰が強いことのために、ときにはおイタが過ぎることもあった。

おイタが過ぎるということで、私には、忘れられないことがひとつある。それは、前にも書いたように、浩宮さまの躾《しつけ》や教育に関しては、宮さまご自身にきびしくするだけでなく、必要なときには、両陛下に苦言《くげん》を呈することがあった一例である。

両陛下ともその日は、ご公務から解放されてほっとしておられたのだろうと思う。前後のいきさつは忘れたが、二階の居間に私もうかがっており、浩宮さまは、どこの子もそうであるように、みんな揃った中での安心感と楽しさを、思うぞんぶんに味わいながら、部屋の中を動きまわっておられた。

そのうちに、椅子を力まかせに押しはじめた。日ごろの鍛練が予期しないところで効果を見せ、椅子は幼い宮さまの力で傾き、やがてバタンと倒れた。それが嬉《うれ》しかったのだろう、宮さまは、倒れた椅子を、ヨッコラショとおこし、また押し倒した。一回でおやめになるかと思ったら、そこはお子さまである。面白がって、何度も同じことをくり返される。

私は、陛下か皇后さまが、いつ注意してくださるかと、見守っていた。しかし、両陛下とも注意するということにはお気づきにならないほど、楽しいお気持ちにひたって、宮さまの愛らしい力業《ちからわざ》（？）を眺めておられるだけであった。

「宮ちゃま、椅子を倒すのは、イケマセン」

私は、それ以上は見かねて、おとめした。まだ幼いのだから、いけないことは「イケマセン」の一言で、なにはともあれストップをかけ、そのことのくり返しで、やっていいことと悪いことがあるということをわかっていただく、というのが当時のやり方であった。

私は、両陛下に申し上げた。

「お庭で椅子を倒したり小石を投げたりすることは、場合によってはお身体を鍛える手段として黙って見ておいでになってもいいかも知れません。しかし、居間の椅子でそれをなさるのは、適当ではございません。けじめをつけて、その場でおっしゃっていただいたほうがいいと思います」

私は、言葉が過ぎないように注意しながら申し上げたのだが、それでも、結局は、「陛下、それでは困ります」と申し上げたのと同じことであった。私の言葉は、いってみれば、両陛下の〝親〟としてのあり方に〝注文〟をつけていることであった。黙って見過ごせばそれですむことであり、そのほうが私としては無難《ぶなん》なことはわかっていたにもかかわらず、私は、あえて難しいほうを選んだ。そうしなければいけないと、自分に命ずる何かがあったのである。

いくらお近くにお仕えするといっても、ひとりの侍従《じじゅう》に過ぎない私が、特別なお立場にあるお二人に申し上げるべきことに、おのずから一定の節度がなければならないことは、当然である。しかし、私は、多少のためらいを感じながらも、苦言を申し上げた。それは、私が、浩宮さまの〝ご教育〟をお手伝いさせていただくという任務を、責任をもって果たすために必要だと信じたからであった。

お子さまの教育は、同時にご両親の教育である、というのが、私の考え方であった。子を持つ親として、年齢的にもほんのすこし〝先輩〟である私が、私なりに側面から気づいたことは率直に申し上げることこそ、与えられた任務に忠実なゆえんだろうと、私は思った。両陛下は、深くうなずき「これからそうしましょう」と言われた。

ある日の居間でのできごとは、任務に対する私自身の姿勢を語っているだけであり、そういうことがしばしばあったということではない。むしろ、私は、両陛下が、まだお若いにもかかわらず、浩宮さまのご教育について深いお考えを持ち、それを実行に移していらっしゃるお姿に、感銘をおぼえることのほうが多かった。とくに、美智子さまを、〝若いお母さま〟のお一人として見るとき、私は、頭が下がるほど、よくおできになった方だと思った。知と心が、努力に裏打ちされて、香るような美しさを感じさせた。そのことをよく物語る一例が、美智子さまご自身の手で書かれた〝育児心得〟である。

陛下と美智子さまは、浩宮さまがお生まれになって七カ月後の三十五年九月に、昭和天皇のご名代として、十五日間のアメリカ訪問旅行に発《た》たれた。これはご結婚後はじめての海外旅行であったが、その一カ月後には、二十七日間にわたるアジア・アフリカ旅行、三十七年一月には、十八日間の東南アジア旅行、三十七年十一月には、六日間のフィリピン旅行というふうに、長い間御所をお留守にされるということが多かった。

海外旅行だけではなく、ご日常は、国内の視察旅行、各種の行事へのご臨席《りんせき》などが多い。御所においでになるときも、外国の貴賓《きひん》その他のご訪問を受けられたり、ご進講《しんこう》（専門家を招いてのお勉強）があったりで、たいへんなお忙しさなのである。

どこかへお出かけになる場合はお発ちになるまでに訪問先についての知識を充分に身につけられるためのお勉強がつけ加えられ、しかるべきお客さまがある場合は、適切な話題でおもてなしするための下調べもなさった。たとえば、東南アジア旅行のときも、訪問先の大公使の略歴、性格、趣味などを夜更けまで熱心に下調べされていた両陛下のお姿が、記憶にある。

これらは両陛下のご公務の一端にすぎないが、どんなにお忙しいご日常であるかは、ほぼわかっていただけるのではないかと思う。そのようにお忙しい中で、浩宮さまを、できるだけ「手塩にかけた」育て方をしたいというのが、両陛下の最初からの方針であった。

美智子さまは、ご公務のない時間は、お母さまとして、浩宮さまのお相手をされた。その時間は、宮さまの躾《しつけ》や教育に大切な意味を持つ。それだけに、ご自分が外へお出ましになるとき、あるいは御所においでになっても、ご公務がつづいているときに浩宮さまのことを気になさるのは当然であった。

美智子さまが一番気になさったのは、ご自分が宮さまのお相手をしていらっしゃるときと、浜尾あるいは他の侍従、看護婦などがお相手をするときと、考え方・やり方にくいちがいがあってはならないということであった。

お出ましのときには、私が必ず呼ばれた。

「ナルちゃんを、よろしくお願いします」と言われ、「このごろのナルちゃんはこうこうですから、こういう点に注意してください」というふうに、こまごまとしたことを話してくださった。

私は美智子さまの言われたことを、しっかりと頭にいれるとともに、できるだけ他の侍従や看護婦にも伝えるようにした。

いつごろからだろうか、美智子さまは、その都度のご注意を、ルーズリーフのノート・ブックに書いて渡してくださるようになった。なるほどそうすれば、私だけでなく侍従や看護婦たちも同じものに目を通すことができるので、口頭による意志疎通《そつう》の不徹底さもなくなるわけである。

そのルーズリーフのノート・ブックに書かれたメモが、たまったのが、美智子さまの〝育児心得〟といわれるものである。

やさしいお言葉でつづられたこの〝育児心得〟には、美智子さまのこまやかなお心づかいが息づいている。

〈育児心得　その1〉　錦鶏鳥《きんけいちょう》の餌《えさ》は、毎日「トットット」といってまかせてください。あまり近よりすぎて、目をつつかれないように。餌の器は投げないように。追いかけて逃げる面白さよりも、餌をあげると寄ってくる面白さのほうを、おぼえさせるように。

当時の浩宮さまの日課は、朝六時から七時半ごろにおめざめになって夜七時半ごろベッドにお入りになるまでに、午前中のママとのお散歩、おひるね、ひとり遊びなどが主なものであった。パパがおひまなときは、午後もお散歩に連れ出されることがあった。歩くことを多くして足を鍛えるというおつもりもあったのだろう。宮さまにとっては、すこしキツイということもあったらしく、ときどきしゃがみこんで、レジスタンスを試みたりなさった。皇后さまがわざとすぐ手をお出しにならず「どうしましたか?」とおたずねになると「靴の中に石が入った」と言われて、私たちを笑わせたこともあった。

御所の庭には、尾長《おなが》と錦鶏鳥を飼《か》っておられて、お散歩の途中で餌をやるのがお楽しみのひとつであった。「追う面白さよりも寄ってくる面白さを」というあたりに、皇后さまらしさが光っている。

〈育児心得　その2〉自分が投げたものは、なるべく自分でとりに行かせるように。軽く背中《せなか》を押して「とってきてちょうだい」といってください。

マリや小石を投げるということは、二歳前後の子供の遊びとしては自然なものであろう。皇后さまとしては、陛下が「足腰を鍛える」ということを心掛けておいでになったことも、このお遊びの中で意識されていただろうと思う。そして、そのお遊びを、「自分のことは自分で」という躾と結びつけられたのである。

浩宮さまのまわりには、私をはじめとして他の侍従、女官、看護婦など人手が多い。これは普通の家庭とちがうことのひとつだが、それだけに私たちは、つい手を出しすぎるきらいがあった。そのために転んでも自分ではおきない、遊んでもやりっぱなし、何事も自分の思い通りになる、ということになってはいけない、と皇后さまはお考えになったのだろう。

このことには、私たち侍従への注意もふくまれていた。

〈育児心得　その3〉できるだけ一つのもので遊ばせるように。というよりは、むしろ一つのものに熱中しているときは、別のものを渡したり、見せたりして、注意をそらさないようにしてください。

「強い子になれ」とは、「身体も心も」という意味であろう。集中力は心の強さと解することができる。

〈育児心得　その4〉洗面所へは一日に三度か四度は入れてもいいでしょう。ただし熱湯の出る蛇口は気をつけてください。必ずだれかがついていること。水遊びのあとは、洋服が濡《ぬ》れていないかよく調べて、濡れていたらすぐかえてください。

宮さまは水遊びがお好きであった。このこまかなメモを読んで私は、皇后さまが遠くへお出かけになっているときに、「ナルちゃんは、いまごろ何をしているかしら」と思っていらっしゃるお姿を想像したものであった。

〈育児心得　その5〉〝ながら病〟はできるだけ避けること。靴をはくときなども「靴をはいたらおんもネ」といいながら、靴をはくことだけに集中させること。

　ひとつのことをキチンと片づける習慣から、メリハリのきいた人間行動の基礎が養われる。やさしさとともに、かなりのきびしさを持っていらっしゃったことが、わかる一項である。

〈育児心得　その6〉食事のときはある程度やむを得ないと思いますが、なるべくコップの柄《え》やスプーンなど、食事と関係のあるもので遊ばせてください。

　躾も訓練もお遊びの中にとけこませるというお考えだが、たとえば、お食事のときにテレビや絵本を見たりしてはいけないという、けじめをおつけになったのである。

〈育児心得　その7〉　朝起きたら、はだかのからだをゴシゴシこすってください。また朝は一人遊びのよいチャンスですから、ベッドの中で少なくとも三十分は遊ばせてください。

皇后さまが御所にいらっしゃる限り、毎日心がけておいでになったことである。

〈育児心得　その8〉　一日に一回くらいは、しっかりと抱いてください。愛情を示すためです。

私は、この項を思い出して、ときどき宮さまを抱いてさしあげた。そういうとき、私は「浜尾という侍従」ではなく「オーちゃんという人間」として感じていただきたいと願った。

〈育児心得　その9〉　毎日、四時から四時半までのお遊びの時間は、自由にほうぼうの部屋へはいって、一人で遊べるようにしてあげたいと思います。その間はナルちゃん以外の人が通らないよう、各部署に連絡してください。危険なものは、あらかじめとり除《のぞ》いておくこと。ナルちゃん用のお手洗いのあるところは開放。ただし、湯殿《ゆどの》との境はしめておくこと。台所の両入口はしめておくこと。

こういうこまかいご指示は、ふだんそうしていらっしゃるからこそ出てくるものである。ハード・スケジュールのご公務をお持ちになりながら、お母さまとしての時間をどんなに充実させておいでになったかがうかがえる。

私たちは、一人遊びを大切にとお考えになった皇后さまのお気持ちに添《そ》うように、この時間は「お一人遊び中」と書いた木札を廊下に出し、東宮職員のみんなの注意をうながすようにした。

〈育児心得　その10〉　小石をときどき口に入れるので、よく注意してください。口に小さいものを入れたとき、急にアッといって近寄ると、かえっておどろいてのみこんでしまったりするものですから、決して驚かさないようにしてください。もし入れてしまったら、手をいれて出してしまって、あとで「イケマセン」と言ってください。

いけないことは、その場で教えるというお約束であった。

〈育児心得　その11〉私の書斎では割り合いに一人でよく遊びます。ここをときどきお遊び場所にしてもいいでしょう。私の机を使ってください。書きものなどをしていると、その間アルバムを見たり、マリを投げたりして遊んでいます。机のひきだしをあけたりしますが、これはよいこととして、中のものを出しても止めないでください。

〈育児心得　その12〉一人遊びはつづけさせてください。おとなは適当に動きまわって、お仕事をしているほうがいいようです。ただ一人遊びのときは、事故のもとになるようなものにはくれぐれも気をつけてください。

一人遊びの時間に、私は机から本を出して読んでいることにした。それを承知の宮さまは、一人遊びの時間がくると先に私の机のひきだしを開けて本をとり出し「オーちゃん、読んでいていいよ」というふうに私に渡してくださるようになった。

〈育児心得　その13〉　総体的に見て私の考えでは、今がききわけということの練習が大切なときだと思います。ナルちゃんなりの納得のいく説明をしてあげて、いけないこと、よいことのあることがわかるようにしてあげること。今これを心がけずに、もうすこし大きくなってから急にいろいろなことに制約がふえると、今以上に強い自我にぶつかって、その結果、ナルちゃんがかわいそうなことになりますから、そのことを頭において、今という比較的しつけの楽なときに、無理なく少しずつ訓練してください。

ここにまとめられたお考えにしたがって、私も、やさしくきびしく浩宮さまに向かった。ほめることは簡単だが、きびしくすることは難しく、ときには勇気も必要だった。しかし、そうすることを通して、「宮ちゃま」と「オーちゃん」は、しだいにあたたかい心の交流を持ちはじめた、と私は確信できるようになって行った。

オーちゃん、ごめんなさい

あるとき、私は、「浩宮さまのご教育について、判断に迷うときは『もし自分の子どもだったらどうするか』ということを考えることにしている」という意味のことを言ったことがあった。

それに対して、「宮さまはとくべつなお方だ。自分の子どもになぞらえる考え方はどんなものか」という批判があったようである。その批判は、私の真意をよく理解していただけないところから出たように思う。もっとも、私はいちいち弁明はしなかったけれども……。

人間だれしも、自分の子ほど可愛いものはない。その親の愛情が、甘やかしになったり、きびしさになったりする。最近は、理解という名の甘やかしのみが多くなって〝過保護〟ということが云々《うんぬん》されるが、私もやはり、きびしさがなくなった愛情には、問題があると思う。私は、自分の子に対して、やさしい父親であると同時に、けじめが必要なところでは、きびしいものをもった指導をしてきたつもりである。

個人としてはそうであるが、浩宮さまのご教育を担当する立場にある人間としては、どうだろうかということを自分に問うたとき、私は、「もし自分の子だったら……」ということを判断の基準にすべきだという結論に達したのであった。

正直なところ「宮さまは特別なお方だから」ということで、なにごとも無難にすますという姿勢だったら、よほど楽だったにちがいない。しかし、それでは、私は自分に与えられた、特別な役割を果たせないだろうと思ったのである。

二歳から三歳くらいまでの幼児期は、「ほめること」と「叱ること」が上手に行なわれなければならないということを、私は、ひとりの父親として知っていた。

陛下と皇后さま〔現在の上皇陛下、上皇后陛下〕は、聡明さからそのことを大切にされるというたてまえをはっきり示しておいでになった。私が「自分の子だったら……」という考え方に自信が持てたのも、両陛下の聡明さと寛大さがあったからこそであることは、いうまでもない。

ほめるということは、お世辞《せじ》を言うことではない。子どものちょっとした言動をとりあげてお世辞を言うことは、行きずりの人間にもできる。その子の心の成長に大切なほめ言葉は、成長の経過をよく理解していなければ出てこないはずである。

子どもの成長を見守っているものは、そのような、必要なほめ言葉をタイムリーに口にすることを惜《お》しんではならない。

浩宮さまが「オーちゃんにほめられて、うれしい」とお感じになるようなそんな言葉を私は、出し惜しみしないように努力した。たとえば、お食事をみんな召し上がったときには、「きれいに召し上がりましたね」という、さり気ない言葉を忘れないようにした。これは、「みんな召し上がらなければいけません」とか、「なんでも召し上がらなければお身体が丈夫になりません」などと申し上げることの十倍の効果があるだろう、というのが私の考えであった。

両陛下は、浩宮さまのご健康のために偏食《へんしょく》について心をくばられ、また、人間の基本的なマナーとして、お食事のことでは、とくにきびしい面を持っておられた。

浩宮さまは、器用なお子さまではなかった。運動神経はかなり発達しておられ、

学習院幼稚園へお通いの頃の浩宮さま。左は著者

身のこなしはご活溌《かっぱつ》だったが、こまかい手先のことは、あまりお上手ではなかった。たとえば、洋服のボタンをかけるというようなことには、すこし時間がかかった。ところが、よくしたもので、浩宮さまは、やりかけたことをじっくりとなさる努力型であった。

私は、ボタンを穴に押しこもうとする宮さまの幼い指先の動きを、じっと見ながら待つことにした。顎《あご》をひき、胸のボタンと格闘していらっしゃるときのお口許《くちもと》は、真剣そのものであった。やっと、成功する。そのときの宮さまは、ホッとした表情になる。すかさず私は、「よくおできになりましたね」と申し上げる。宮さまは、そういうとき、私にほめられたことで、ご自分でおできになったことの喜びを再確認されたはずである。

嬉《うれ》しいこと、悲しいこと、やっていいこと、やってはいけないこと――すべて、身体でおぼえていただくということが、このころの浩宮さまには大切であった。言葉は、身体でおぼえていただくためのキッカケを与えるものであった。その点、両陛下ともたいそうお上手であり、私は、両陛下がいらっしゃらないときも、躾《しつけ》の方法が一貫したものであるように努力しなければならなかった。

浩宮さまは、両陛下からはもちろんのこと、私からもよく叱られたものであった。

お食事のことで両陛下がきびしかったために、お叱りをうけるのは、お食事の前後が多かったようである。

一般に、スプーンを使って自分で食べられるようになった子どもは、茶碗を叩いて面白がることがある。浩宮さまも、そういう時期があった。

「イケマセン」

と、皇后さまがやさしく言われるのだが、一度でおやめになるときと、そうでないときがある。二度三度と言われてもおききにならないときは、陛下のご出馬《しゅつば》となる。陛下は、しばしば、浩宮さまのお尻を叩かれた。あるときは、その茶碗たたきをおやめにならないという理由で、庭に出されたこともあった。

お夕食のあと、両陛下はおそくも七時半ごろまでにお居間にゆかれ、新聞やテレビなどをご覧になってお寛《くつろ》ぎになる。もちろん、浩宮さまもごいっしょであり、この時間は、ご一家のご団らんのひとときであった。

ある夜私が呼ばれてお居間にうかがうと、浩宮さまのお姿が見えなかった。

「宮さまはどうなさいましたか」

とおたずねすると、

「まだお食事のサラダをいただいていないので、食堂にひとりで残してあります」

という皇后さまのお答えであった。皇后さまは微笑しておられたが、キチンとするところはキチンとするというのが、両陛下と私との黙契《もっけい》であったから、私はすぐ事情をのみこむことができた。

私は、食堂にひとりでポツンと腰かけていらっしゃる宮さまのお姿を想像した。妙なもので、こういうときは、助けてあげたくなる。しかし、その気持ちを抑えて、じっと成りゆきを見守るほかはなかった。

皇后さまは、お食事の前後に、かならず浩宮さまがなさらなければいけないことを決めておられた。

食事の前に手を洗うこと。

「いただきます」を忘れないこと。

テーブルに出されたものは、みんないただくこと。

終わったら「ごちそうさま」を忘れないこと。

いってみれば、しごく当然のことだが、それだけに、それをキチンとお守りになることをきびしく要求されたのである。

きびしくするということは、無理を押しつけるということではない。皇后さまは、食事のことできびしい反面、お母さまとしてこまやかな心づかいを持ち、しっかりとしたお考えに基づいてすべてをなさった。

ご一家のお食事は、宮内庁の大膳部《だいぜんぶ》の受け持ちだが、じっさいは、東宮御所の中に大膳部の出先機関があって、そこでまかなわれた。そこから、一週間分くらいのメニューが提出された。栄養やカロリーについては、専門の侍医《じい》が助言をしたが、皇后さまはそのメニューの予定表をご覧になって、浩宮さまのお食事について、こまかにチェックなさったのである。

そのチェックにあらわれた皇后さまのお考えは、こうであった。

――心も身体も強い子になってほしいという陛下のご期待に応えるためにも、偏食にならないように注意しなければいけない。しかし、ナルちゃんのような幼児は、栄養やカロリー本位では、受けつけないだろうから、お料理の方法、組み合わせ、量などについて工夫が大切だ。その工夫を上手にすれば、食卓に出されたものはすべていただくという、気持ちのいいマナーも自然に養われるにちがいない。

私が見たところ、浩宮さまは、野菜サラダがいくらか苦手のようであった。これは浩宮さまにかぎらず、どこの家庭の子どもでもよくあることだ。食事が終わっても野菜サラダだけが浩宮さまの食前に残されていることがあった。皇后さまが「めし上がれ」とおっしゃられると、浩宮さまは片手を振って、「ぼく、サラダもう結構《けっこう》」と言われる。こうした場合、皇后さまは、マヨネーズとかドレッシングとか、変化をつけて召しあがりやすいようにという努力を払っておられた。オートミルとトマトはお好きだった。

お好きといえば、浩宮さまは、カレーライス、チキンライス、釜めしなどのような〝まぜご飯〟に類するものがお好きであったが、これはお父さまゆずりであった。

「叱ること」に話を戻したい。

すべての場合、両陛下がはじめからお叱りになることはなかったし、私も、そうだった。

身体でおぼえるということは、おとなが頭で理解して記憶にとどめるのとちがって、くり返しが必要だった。まず、「イケマセン」ということからはじまるのだが、一般の幼児がそうであるように、浩宮さまも、虫のいどころが悪かったり、お調子に乗ったりで、すんなりとお聞きにならないこともあった。それはむしろ、健康な男の子のしるしであったろうが、躾《しつけ》は躾として、昨日はいけないといい、今日は許されるというふうであってはならない。

そこで、身体でおぼえていただくための強硬手段を選ばざるを得ないこともおこる。お仕置《しお》き（体罰）である。

お仕置きとして多かったのは、お尻を叩く、廊下に出す、庭に立たせる、部屋を暗くして閉じこめる、などの方法がとられた。

部屋に閉じこめるということでは、こんなことがあった。

夜になってからのことだったから、両陛下がご公務で遠くへご旅行中だったときだろう。

なんで私が宮さまをお叱りしていたかは、忘れてしまった。ただ、もはやこれまでと強硬手段が必要な段階まで行ってしまったので、私は、宮さまをお遊戯室に閉じこめ、電灯を消してしまったのである。間もなく泣き声が聞こえた。

「オーちゃん、ごめんなさーい」

と、ドアを叩く音も聞こえてきた。

じつを言うと、お仕置きは、ご本人よりもこちらのほうが辛《つら》い思いをするのである。私は、すぐにでもドアを開けてあげたいという誘惑にじっと耐えながら、宮さまの泣き声を聞いていた。

こういう小さな思い出は、数限りない。浩宮さまご自身はお忘れになったことも多いだろう。しかし、忘れられたような小さなことのつみ重ねが、宮さまの心の成長史を形成してきたことはたしかである。

ずっとあとになって、礼宮《あやのみや》さまがいまこの思い出の中に登場している浩宮さまくらいに大きくなられたころのことだが、話すたびに笑いを誘うような出来ごともあった。

ある日、浩宮さまが陛下から廊下に立たされた。こういうときは、しばらくの間は周囲が知らん顔をしていないと効果がない。

ふと気がつくと、礼宮さまが、立たされた浩宮さまのそばに寄り添うようにして立っておられたのである。同情ストならぬ同情受罰であった。「アーヤはなんでもボクの真似をする」という、お兄さまとしての自覚を持たれたかも知れない、と笑いながら私は考えたりした。

このころの浩宮さまに対して、食事のことのほかに、とくに意識してお教えしたことは、日常の礼儀を守ることと、公私の別をわきまえるということであった。「おはようございます」「ごきげんよう」「ありがとう」「さようなら」などという挨拶《あいさつ》をきちんとすることは、おとなにとってはなんでもないことだが、幼児の場合は、たゆまないくり返しによって、習慣にしなければ、うまくいかない。挨拶をする快《こころよ》いタイミングというのも大切だが、これも、習うより慣れなければ身についたものにならない。

ある日、御所のお庭にお遊びに出ようとされた。宮さまが器用なほうではなかったことは前にもふれたが、当時は、靴の紐《ひも》をご自分で結ぶにはまだ早い時期で、私がちょっと手を貸してさしあげることが多かった。

私が紐を結んでいるちょっとの時間も、浩宮さまの心は、砂場や木の切り株のほうへ飛んで行っている。目的のことで頭をいっぱいにして「早く！」とせきたてるのが子どもである。

その日の浩宮さまも、そうであった。私の手が結んだ紐から離《はな》れると同時に、パッと、お庭のほうへ走って行かれた。

「宮ちゃま！」

と、私の声が追いかけた。宮さまは、走りながら、後ろをふり向かれた。

「宮ちゃま『ありがとう』は？」

と、私は、うながした。靴の紐を結ぶことも、結んでもらったとき「ありがとう」と言うことをお教えすることも、私のやらなければならないことであった。しかも、そんなことは、あとになって「あのときは……」などとお話ししても、意味はないのである。

「オーちゃん、ありがとう！」

宮さまは、元気なお声を残して走って行かれた。

公私の別をわきまえるということは、一般的に社会生活のあらゆる面で必要なことだが、御所には、とくにそのことを重視しなければならない事情があった。

それというのは、御所は、ご一家の私生活が営《いとな》まれるところであると同時に、公的な機関としての意味も持っていたからである。内外の貴顕《きけん》をお迎えすることもあったし、宮内庁職員としての私たちの仕事の場も、御所の中にある。

両陛下は、浩宮さまがお生まれになる前から——いやご婚約当時から、すでに先行きのことをお考えになり、新御所の設計も公的なスペースと、私的なスペースをはっきり分けたものになさったのであった。

ところが、浩宮さまの場合は、赤ちゃん時代は別として、「子どもはあっちへいっていらっしゃい」というだけではすまなかった。お客さまがお見えになったり、御所の手入れに勤労奉仕してくださる団体の人たちに両陛下がご挨拶をなさったりするときは、浩宮さまもお側に呼ばれることが多かったからである。

そういう場合に、両陛下のお側で、キチンと挨拶をなさることは、いずれは陛下の跡を継《つ》がれる宮さまにとって、大切な訓練であり、必要なエチケットであった。

だから、どんなときであろうと、どんな場所であろうと、公私の別をわきまえるという点では、聡明な判断とスマートな感覚が要求された。

もちろん、二歳前後の浩宮さまに、両陛下や私が頭で考えたようなことを申し上げても理解されるはずがないから、その場その場の体験のつみ重ねによってわかっていただくのだったが……。

「叱ること」がいい意味を持つためには、二つの条件があるのではないだろうか。

第一に、例外を認めないこと。

第二に、その場で叱ること。

両陛下は、そのことをはっきりと頭においておられたと思う。というのは、私たち侍従の前ではもとより、お客さまがいらっしゃるときでも、「イケマセン！」のお叱りが飛ぶことがあったからである。

宮さまとしては、楽しいお遊びに夢中になっているときに、「お客さまにご挨拶を……」と言われれば、お遊びは中断しなければならず、お召し替えも面倒だし……というわけで、ご機嫌が斜めな場合があっても、不思議ではない。そういうときに、お客さまの前で、万事がうまくいかなくて、陛下のお叱りを受ける結果になってしまうのであった。

浩宮さまにとって、「叱られた」ことが栄養価の高い心の糧《かて》になったのは、宮さま自身のご性格にもよるだろう。宮さまは、要領のいいお子さまではなく、つねに自分と闘いながら与えられたものを消化して行かれるタイプであると私は見ていた。いまでもそう思っている。シンがお強いのである。

しかし、叱るということが、ルールに反した行動をチェックするだけのものではなく、深いところで心がふれ合うことであり、そのふれ合いによって成長するという意味を持つならば、両陛下はまさしく、お子さまを叱ることのひとつひとつが生きている見事なご両親であった、と思う。

私は二十年間両陛下のお側にいたことになるが、お二人のご意見がもつれたという場面を一度も見たことがなかった。ご旅行に出られたときなどに、お二人のこまやかなご夫妻としてのいたわり合いが、すべての報道関係者の目にふれることが多かった。あるとき、皇后さまにお側のものが「陛下にお手をひいていただいていらっしゃるお写真を拝見しました」とお睦《むつ》まじさに感心したことを申し上げたことがあった。軽井沢などでご公務から離れたときをお過ごしになる場合に、そういうほほえましい場面をお見かけすることは、私にとって珍しいことではなかった。

皇后さまは、笑顔でこうお答えになった。

「『夫は妻をいたわりつ、妻は夫を慕《した》いつつ』……です」

皇后さまが思いがけないことに、古い浪曲の文句をもじって引用なさった。その人は皇后さまのユーモアを、お幸せな実感として受けとったにちがいない、と私は思った。

そして、いい両親であるためには、いい夫婦でなければならないということの、すばらしいお手本がここにある、と思った。

二　楽しかった幼稚園生活

幼稚園に入ると、浩宮さまは私の手を離れて、大勢の仲間にとけこまれた。私はこの集団生活が、宮さまの人生にとって、素晴らしい体験になるだろうという期待に心がおどった。

集団の中で育つ抵抗力

浩宮さまは、昭和三十八年二月二十三日、満三歳のお誕生日を迎えられた。両陛下〔現在の上皇上皇后両陛下〕は、この日は、恒例にしたがって、宮さまがお生まれになったとき、お世話をいただいた各方面の先生たち（主としてご出産関係の医師の方々）を、東宮御所にお招きになって、お祝いのティー・パーティを催《もよお》された。

私は、三回目のお誕生日を迎えられた宮さまを、しみじみとした思いで見守った。どちらかというと、お小さいお身体つきであるが、それでも、なかなかしっかりとした印象を与えるご成長ぶりであった。

たしか、このころのある日のことだと思うが、皇后さまが、

「ナルちゃんは、オーちゃんの子どものようですね」

と言って笑われたことがあった。

浩宮さまは、ご両親といっしょの時間よりも、私のそばにいらっしゃる時間の方が多かった。ご両親は御所においでになっても、ご進講《しんこう》、内外のお客さまの謁見《えっけん》などのご公務があり、私はおつとめとして宮さまのお世話をしているのだから、これは仕方のないことであったが、皇后さまがそのように言われたのは、半分は私に対して「よくやってくださって……」という、いたわりのお気持ちがあったように私には感じられた。それが、私は、うれしかった。と同時に、身震《みぶる》いするようなおそろしさに襲われた。いうまでもなく、責任の重さをあらためて考えたからであった。

たとえば、ちょっとした仕草《しぐさ》や物の言い方に、私がお教えしたことの影響があるのを発見することがあった。

私の話し方は、一語一語を明確に発音することを心がけて話す。そのために比較的ゆっくりした口調になる。そうした私の説得調で、ややゆっくりした口調が、宮さまの話し方に少なからず影響してしまったのだろう。皇后さまはさもおかしそうにお笑いになったが、私は、そのたびに、ありがたいような嬉《うれ》しいような感動を覚えた一面で、おそろしいという気持ちになったものであった。

三歳を過ぎてからは、そろそろ、幼稚園へお入りになるということを予想した教育が必要だった。あらたまった形ではなかったにしても、それとなく準備しておかなければならないことは、いくつかあった。

たとえば、幼児語からの卒業ということを、心がけるようになったのも、そのころであった。

陛下〔現在の上皇陛下〕のご幼年時代と、浩宮さまの時代との大きなちがいのひとつは、テレビがあるということであろう。はじめのころは、皇后さまが、こども向けの音楽番組「おかあさんといっしょ」とか、「鉄腕アトム」「鉄人28号」などのような、マンガを選んでお見せになっていたようであるが、間もなく、チャンネルの選択を宮さまの自由に任された。一般のこどもたちが、テレビによって言葉の影響を受けるように、浩宮さまも、言葉については、まったく自由であった。

ただ、皇室だけに残っている特殊な言葉というものが宮さまにとってはひとつだけある。それは、お父さまを「おもうさま」、お母さまを「おたたさま」とお呼びするということである。

しかし、浩宮さまも、はじめは、「パパ」「ママ」であった。幼児には発音しやすい呼び方だから、そのほうが自然だったのである。幼児語からの卒業を心がけるようになってからは、皇室の習慣にしたがって「おもうちゃま」「おたたちゃま」と改めて行った。いずれは、「ちゃま」でなく「さま」になるための段階として――。

幼児語にさようならするには、まず周囲がそれを使って語りかけないようにすると同時に、ひとつひとつの言葉について、根気よく言いなおしをくり返して行かなければならない。私は、意識して、そのことに努めた。

その他の宮さまの幼児語は、ほとんど、こどものすべてが使う言葉と、同じであった。

ブーブー（自動車）、ワンワン（犬）、トット（にわとり）、デチュ（です）、アチュイ（熱い）。宮さまが「ワンワン」と言われると、そのたびに私は、じっとお顔を見て「いぬですね」と言いなおすようにした。両陛下も、しばらくの間は、かなり意識して、その言いなおしに努力された。

宮さま特有の言葉も、いくつかはあったようである。ある日、「ペタンペタン」と言われるのを、侍医長の佐藤博士が、どうしてもわからないと苦笑しながら皇后さまにおたずねになったことがあるそうである。それは「うがい」のことだったのだが、語源(?)は、とうとうわからずじまいであった。「ボク」のことを「ボボ」あるいは「ボボちゃん」と言われたこともあったが、そう長い期間ではなかったように思う。

幼稚園へすすまれるための準備として、もうひとつ、「自分のことは自分でする」ということがあった。もちろん、そのご年齢にふさわしいこと——たとえば、ボタンをかける、靴の紐《ひも》を結ぶ、遊んだあとの片づけをキチンとする、などということであったが、困難なことを要求するのではなく、日常のきまりとして当然のことは、ご自分でなさるように仕向けるという点で、皇后さまは、かなりきびしかった。私も、すぐ手出しすることのないように気をつけた。

お世話をするということは、なんでも手をさし出すということではないのだと、私はたえず自分に言い聞かせ、わざと、知らん顔をして宮さまのなさることを見守るようにした。

話は飛ぶが、浩宮さまは、昭和四十六年の夏、学習院初等科の臨海《りんかい》学校(沼津)

に参加された。そこで、生徒たちのほとんどが、軽い食あたりに見舞われるという出来事があった。食品をおさめている業者の手落ちだったらしいが、浩宮さまも他の生徒たちと同じように、腹痛をおこし、吐き気を催《もよお》されたという。私は、すでに東宮職を離れていたので、そのことをニュースで聞いたときはびっくりした。

幸い、大事にはいたらなかったという詳報でホッとしたが、後日そのときの模様を聞く機会があった。それによると、浩宮さまはすこし吐かれたけれども、その後始末をきちんとご自分でなさったということである。それで、はからずも、私は、幼稚園にお入りになる前のころ、「自分のことは自分で」ということをやかましく申し上げていたことを思い出したのであった。

臨海学校で、ご自分が汚したあとを一生懸命に始末していらっしゃる宮さまのお姿を想像して、私は、小さな種子が実を結んだという実感を持ち、嬉しさとともに、宮さまに対するいとおしさが募《つの》ってくるのを抑えることができなかった。これは一例にすぎない。そういう小さな種子が多く集まって人間をつくりあげて行く。それが教育というものであろう。

陛下と皇后さまは、浩宮さまを民間の幼稚園にお入れになる方針を、早くから決めておられたようである。民間の幼稚園ということになると、学習院を考えるのが妥当なところであった。そのことは、すんなりと決定した。当時、安倍能成《あべよししげ》先生が園長であった。

そもそも、皇族が幼稚園へお入りになるというのは、浩宮さまがはじめてのケースであった。しかも、宮さまだからといって、特別な扱いをしない保育を、両陛下は希望された。そうなると、近所のお友だちと自由に遊び歩くという経験をまったくお持ちにならない宮さまが、幼稚園というはじめての集団生活に、うまく適応されるかどうか、私は、正直なところ不安であった。

そのために、私は、なにかというと、幼稚園のことを口にしてお叱りしたりすることが多かった。ある日宮さまが「ボク、幼稚園に行くのやめようかな」と言われたことがあった。私が「そういうことをされると、幼稚園に行けませんよ」と言っていたので、すこしばかり心のお荷物だという感じを抱かれたのだろう。

そういうこともあるにはあったが、それでも、幼稚園という未知の世界への楽しみのほうが強かったことはたしかである。

三十八年十一月二日は、皇后さまと浩宮さまで、上野動物園へお出かけになった。子どもの世界では、動物園の話題がかならず出るものである。このご体験も、後に役に立ったにちがいないと私は思った。

翌三十九年の一月二十一日、浩宮さまは、学習院幼稚園の入園試験をお受けになった。皇后さまが付き添って行かれた。

幼稚園の試験だから簡単なものではあったろうけれど、宮さまにとっては、記念すべき日であったといっていいだろう。しかも、他の子どもたちとまったく同じ条件で、順番を待ってテストを受けられたのである。皇后さまも、そこではひとりのお母さまとして付き添っておられた。

入園が決定し、入園式が行なわれるまでに、浩宮さまは、一度、幼稚園のひなまつりに招待された(三月三日)。もちろん、皇后さまもごいっしょである。〝先輩〟にあたる園児たちの歌や遊戯をごらんになりながら、宮さまは眼を輝かせておいでになった。ご自分がそこに参加される日のことを思っておられたのだろう。

三月九日の父母会へは、皇后さまが、お母さまのひとりとしてお出になった。そして、四月十三日に入園式。いよいよ、浩宮さまの幼稚園生活がはじまった。

幼稚園では、先生の指導方針に従うというのが、両陛下のお考えであった。

担任の大熊《おおくま》ヨネ子先生が、父母会などで話されたことは、要約すると、つぎのようなことであった。

「幼稚園から大学までの一貫教育のよさを、子どもの心身の成長に充分に役立てていただきたいと思います。試験だけを目標にした勉強に苦しめられるのは、感心しません。とくに幼稚園時代は、お勉強が目的ではなく、集団の中で、どうしてもこれだけは必要だという生活習慣を身につけることが大切です。文字を教えたりなさる必要はありません。健康でのびのびとした毎日を送るということがまず第一です。これから集団生活の中での、いろいろなきまりを学んで行くことになりますが、そのいろいろなきまりの基本になるものは、『他人に迷惑をかけないこと』でしょう。ご家庭でも、このことを芯にして、あらゆることを判断しながら、お子さんを伸ばして行ってください」

経験の深い先生だけに、深い意味をやさしい言葉にふくめていた。

浩宮さまは、幼稚園の制服にバスケットを持って、御所からお車で約二十分の目白にある学習院幼稚園へ通われた。

制服は、紺色の襟《えり》のないダブルの上着に半ズボン、同じ色の帽子、黒革の短靴であった。同じ服を着た園児たちの中に入ると、宮さまはすこし小さかった。

毎日、白い可愛らしいバスケットを持って行かれた。宮さまは、幼稚園にお入りになる前も、外へ出られるときは、バスケットを愛用しておられた。幼稚園へ行かれるのにもそのバスケットを離さないのだと思った人が多かったらしいが、あれは、まったく偶然で、学習院幼稚園でも小さなバスケットをきまりとして使っていたのであった。幼稚園時代のバスケットは、色合いがすこしちがうのである。

幼稚園以前は、たとえば夏に軽井沢へ行かれたときも、春に千葉県へのはじめての外泊旅行をなさったときも、バスケットの中には、ミニカー、小石、ぬいぐるみ、葉っぱなど、お子さまらしい〝宝物〟が入っていた。幼稚園になると、それに皇后さまがおつくりになったお弁当が入るようになった。

幼稚園へのお持ち物には、もうひとつグレーのフェルトで作ったカバンがあった。これには、皇后さまがお書きになった「なるひと」というお名前があった。

東宮御所を朝九時頃にスタートしたお車は、権田原《ごんだわら》、信濃町、四谷三丁目、薬王寺、江戸川橋、目白坂、関口、目白通り、日本女子大前というコースで、学習院に到着する。その間、約二十分。

陛下がご公務でお出かけになるときは、コースの所要時間は、予定された通りに正確である。その場合は、信号ストップがないからである。

しかし、浩宮さまのご通園には、そのようなノンストップの交通規制をしてはならなかった。交通ルールも、体験として学ばれる必要があるという両陛下のお考えがあったからである。したがって、途中で赤信号で待たされることがあって、所要時間は、日によっていくらかのちがいがあった。九時四十五分までに到着すればいいので、余裕を見て、九時に御所をスタートなさることにしていた。

信号待ちがあるということは、浩宮さまにとっては、ひとつの楽しみでもあった。横断歩道をわたる人たち、商店の人たちのこちらを意識しない動きなどを、観察することができたからである。

宮さまは、いつも周囲の人の眼があり、見る立場よりも、見られる立場であることのほうが多かった。しかし、この朝の通園の車の中では、なにも気にすることなく、心ゆくまで外の眺めを観察することができたのである。私は、この毎朝の二十分前後というものは、宮さまにとって、きわめて有意義な時間だったと思う。

多くの子どもがそうであるように、浩宮さまは、ミニカーに興味をお持ちだった。そして、通園されるようになって、街を走っているホントの車を数多くごらんになり、ほとんどの車種をおぼえ、私などよりも車について知識が豊富になられた。

車に関連して、私は、陛下の〝親ごころ〟をしみじみと感じたことがある。

陛下がドライバーとしてかなりのキャリアをお持ちであることは、あまり知られていない。陛下は、宮内庁の職員のご指導で実技を習得された上で、東京・鮫洲《さめず》にある警視庁の自動車教習所で、正式の免許証を得られたのである。市街地でハンドルをにぎられることはないが、軽井沢などでは、ご家族とともに遠出もなさるほどである。

ところで〝親ごころ〟の話であるが、陛下は、浩宮さまがいずれは車に長く乗ることが多くなるだろうから、小さいころから、酔ったりしない訓練が必要だとお考えになって、御所の中で、宮さまを乗せて走られることがしばしばあったのである。浩宮さまとしては、ただ楽しいだけで「ブーブー、もっと」とおせがみになるのだったが、それに応じられる陛下は、父君として遠い将来のことまで考えておられたのであった。

幼稚園がはじまると、浩宮さまは、ひとりの園児として集団の中に入られる。宮さまは、さくら組に編入されたが、たまたま私の末娘の美恵子も、同じ組であった。園児としては、宮さまも、私の娘も、まったく同じであった。

私は、自分の娘のことは妻にまかせていたので、幼稚園へ行くのは父親としてではなく宮さまの侍従《じじゅう》としてであったが、幼稚園がはじまると同時に、宮さまは、私の手を完全に離れて、その他大勢の園児のひとりにすぎない存在になった。私は、そのへんのけじめをはっきりと自分に言い聞かせ、そして、そうすることが浩宮さまの人生にとって、すばらしい体験になるだろうという期待に、心がおどるような感じがしたものであった。

宮さまが、園児のひとりになった時間は、私は、園内の控室で、待っていた。責任があるので気をゆるめることはできなかったが、その間は、宮さまを大熊先生におあずけして、本を読んで過ごすことが多かった。

ただ、週に一回くらいは、大熊先生に時間をさいていただいて、宮さまのご指導に必要な注意などをうかがうようにしていた。そして、それを両陛下にもご報告した。

宮さまが手先のことなどはあまりご器用でないことは前にふれたが、ご性格としても、知らない仲間にたちまちとけこむというわけにはいかなかった。御所の中で、同年輩のお友だちを持たなかったということもあって、すんなりと幼稚園の集団になじんだとは言い難いところがあったようである。

ひと言でいえば、慎重派なのであった。はじめは、園児たちが遊んでいるのを、ちょっと離れて眺めておられるようなところがあった。

ずっとあとになって――礼宮《あやのみや》さまがお兄ちゃまの遊び相手になるようになってから――私は、あることに気がついた。お二人とも、お友だちの遊戯などにすぐに飛びこんで行かれない点は似ていらっしゃるのである。しかし、一見似ていても、それは、よくよく見ると、まったく意味がちがっていた。浩宮さまは、「入って行っていいかどうか」と思案《しあん》するように眺めておられるのであるが、礼宮さまはそんなことをお考えにならず、「ボクはボク」というふうに、ご自分の好きなことに熱中しておられる。ご兄弟だから根に共通のものをお持ちでいながら、かなりはっきりと違うところもあるのが、ほほえましかった。

しかし、浩宮さまが、慎重にまわりの様子を見ておられたのは、ほんとうに短い間だった。五月二十二日、幼稚園の遠足で、小石川《こいしかわ》植物園に行かれたころは、すっかりお友だちの中にとけこまれて楽しそうであった。

この遠足の日、皇后さまは、陛下とごいっしょのメキシコ訪問旅行からお帰りになって五日しか経っていなかったが、お母さまとして付き添われた。

東宮御所の中のご生活は――まだ礼宮さまもお生まれになっていなかった当時だから――浩宮さまのお相手は、ほとんどがおとなであった。そのために、子どもの世界で子ども自身によって創造される、一種のあらあらしいバイタリティのようなものが乏《とぼ》しかったことは、認めなければならないだろう。

私は、ときどき浩宮さまのイタズラをお叱りすることもある反面で、お子さまらしいイタズラが、もっともっとあっても当然だという気持ちも抱いていた。総じていえば、宮さまは、おとなしいお子さまだった。

ところが、幼稚園へ通いはじめて、ある種の強さが感じられるようになったのである。それは、これといってとりあげられるようなものではないが、お言葉や身のこなしに、まわりに風をおこすような迫力が出てきた。子どもは、子どもの中に放《はな》つのが一番いいのだと、私は心の中で呟《つぶや》いたこともあった。

風邪をもらったりするようなこともあったが、それもまた、宮さまの抵抗力を強めたという点で、ご成長には必要な刺激だったといえるだろう。

ボク、大きくなりたい

幼稚園生活がはじまってからの浩宮さまが、強くお感じになったことは、御所の中での生活とちがって外の世界には、ご自分以外に、それぞれの考えと主張を持つ子どもがいっぱいいるということであったろう。これは、それまで頭の中ではわかっていながら、実感としてはピンとこなかったことではないかと思う。

ふつうだったら、幼稚園の生活を経験しなくても、家の近所の子どもたちとお互いの主張がぶつかったり、いたずら遊びの中で協力し合ったりということのつみ重ねによって、他人の存在を強く意識するようになる。その点、浩宮さまは、とくべつな環境にあられたわけである。

たとえば、ブランコ遊びにしても、御所の庭には、いつでも、ブランコが宮さまを待っていた。ところが、幼稚園の庭では、乗りたいと思ってもお友だちに先を越されていて順番を待たなければならないことがある。こういうことは、それまではなかったことだ。

なんといっても、浩宮さまが、ひとつのとくべつなお立場にあられることは、動かしがたい事実である。そのことと、民間の幼稚園で「他の子どもたちと同じように」生活体験を持つということとが、うまく調和することによって、宮さまは、幼いながらもある脱皮をされるはずであった。両陛下〔現在の上皇上皇后両陛下〕が宮さまのための教育機関を設けるなどということをはじめからお考えにならなかったのも、そのためであった。

とくべつなお立場にあるがための、宮さまなりのとまどいのようなものは、かなりあったようだ。ある日、宮さまは私に、こんなことを言われた。

「オーちゃん、ボクにはどうして名前がないの?」

いうまでもなく、宮さまのお名前は、「浩宮徳仁《なるひと》親王」である。しかし、これは、たとえば「山田太郎」という名前とは、ちがう。幼稚園では、先生もお友だちどうしも、「太郎ちゃん」「花子ちゃん」というふうに呼ぶけれども、宮さまのことを「ナルヒトちゃん」とは呼ばない。「宮ちゃま」であった。これでは宮さまが、

「ボクには名前がない」とお感じになるのは当然である。

宮さまのお名前に関しての疑問に、「それではナルヒトちゃんとお呼びしましょう」というわけにもいかず、私はおおいに困ってしまったものであった。

こまかいことでは、そういう面があったにもかかわらず、宮さまは、四歳の子どもとしての自然さで、お友だちの中にとけこんで行かれた。私は週一回くらいは受け持ちの大熊先生をたずねていろいろとお話をうかがったが、宮さまは、こだわりなくみんなとイタズラもなさるし、テレビまんがの話もされるというふうで、何の心配もいらないということであった。

宮さまが、子どもとしての自然な姿で小さな集団の中のひとりとして、生き生きとした表情を示しておられるということに、私は、たまらなくいとおしい感じを持った。そしてそういうことこそ、両陛下が望んでおられるご教育の一面であろうと思った。

幼稚園生活ではじめての夏休みは、七月十四日からはじまった。翌十五日に私は、陛下と浩宮さまのおともをして、軽井沢へ行った。

ご一家は、毎年夏に、軽井沢へ避暑に行かれる。この年の夏だけは、皇后さまだけが御所にお残りになったが、それはたしか歯のご治療中だったからだと思う。

あのころの宮さまの愛らしいお姿は、いまでも私の瞼《まぶた》に焼きついている。紺のイートン帽、白い開襟《かいきん》シャツ、紺の半ズボン、そしてシンボルマークになった小さなバスケット。急行〝白山《はくさん》〟で軽井沢駅に着いたとき、例年のように、待ちかまえていた報道関係者のカメラの放列があった。そのカメラに取り囲まれながら、宮さまには「ボクはもう幼稚園なんだゾ」という幼い自信のようなものがにじみ出ているように、私には思われて、微笑が湧いてきた。

私がそのように思ったことには、理由があった。宮さまはお生まれになってこのかた、なにかというと、見られるお立場にあった。とくに、報道関係者のカメラは、その数からいっても、熱心さからいっても、かなりの圧力があって、私などもタジタジになってしまうほどであった。私は、新しい時代にふさわしい皇室のお姿を国民のみなさんに知っていただくために、マスコミの報道は大切な意味を持つという考えから、取材には最大限の努力をして協力してきた。協力しすぎるという批判の声が一部にあったほどである。

その点、陛下も理解をお持ちだったが、浩宮さまは、マスコミというものがどういうものかご存じないので、常にご自分に向けられるカメラの放列を、ふしぎな感じで受けとめられたはずであった。

たとえば、私が宮さまのお手をとっているときに、カメラがぐっと迫ってきたりすると、宮さまの手にはすがりつくように力が入った。まったくそれは、気の弱い子なら泣き出してしまうだろうと思われるくらいの圧力があったのである。

幼稚園に入られたという自覚が、そういう場合の反応にもあらわれているように思われて、私は心の中で「宮さま、ごりっぱですよ」と呟いていたのである。

軽井沢では、千ヶ滝のプリンスホテルに滞在された。朝おめざめになると、つめたい霧につつまれた樹木の中で小鳥が鳴いている。宮さまはじっとしていらっしゃることができずに、すぐに庭へ。自転車にお慣れになったころであったから、東京から運んだご愛車をしきりに乗りまわされた。私も宮さまの後を追って、汗をかきながらペダルを踏んだものであった。

軽井沢で宮さまを楽しませたのは、自然の小さな生きものたち（昆虫《こんちゅう》）であった。東京の御所も樹木が多いので、トンボ、セミ、チョウチョウなどがいたが、軽井沢は、宮さまには未知の生きものが数限りなかった。コガネムシ、テントウムシ、カブトムシ、カミキリムシ……。宮さまの虫籠は、たちまちいっぱいになった。

ある日、宮さまが、心配そうな顔で、虫籠の中をのぞいておられた。

「どうかなさいましたか」

と私が近づくと、

「テントウムシが、元気がない」

と言われる。私は、微笑して、どうなさるかを見守っていた。宮さまは、気になるテントウムシをそっと籠から出し、

「さあ、おうちへおかえり」

と草の中へ放された。

軽井沢の夏は、宮さまの健康にいいだけでなく、自然の中で心をお育てになる、さまざまなチャンスもつくった。

陛下が、いつも心がけていらっしゃる「足腰の強い子」になっていただくための

訓練にも、軽井沢の夏は役に立った。

そのひとつは、山登りである。

軽井沢周辺には浅間山《あさまやま》をはじめとして、手頃な高さの山が多い。石尊山《せきそんざん》、小浅間、一の字山、浅間隠《かくし》、鼻曲《はなまがり》、八風山《はっぷうざん》など、大小の山々を浩宮さまは、ほとんど踏《とう》破《は》された。

私も父が軽井沢に別荘を持っていたので、少年時代から軽井沢を知っているが、宮さまのように、山に登ることは多くなかった。私は宮さまのお供《とも》をしてはじめて、それらの山を知ったのであった。

宮さまは、昭和天皇、今上天皇〔現在の上皇陛下〕のお血筋をひかれて、すべてに研究熱心であった。山登りをされるにも、いろいろお聞きになるので、私のほうでも、調べておかなければならない。それは、あるときは、その山に咲いている珍しい高山植物、昆虫などであったが、またあるときは、遠くに霞んで見える山の名称のときもあった。

「オーちゃん、この花は何という名なの」

と尋ねられたりすると、私も知らないなどとは言えなかった。おかげで私もずいぶん勉強させていただいたし、宮さまも数多い山々の標高などを、すっかり覚えてしまわれたほどである。

山登りの日は、皇后さまが朝からお弁当やキャンディを用意された。

山道でつまずかれたときにけがをなさらないように、またアブに刺されないために長ズボンをはかれた宮さまは、お弁当のバッグや水筒を肩に、元気に歩かれた。

「自分のことは自分で」ということを、両陛下も私もとくに注意していたので、お荷物は自分で持たれたのである。

皇后さまは、そのお弁当のバッグの中に、「これはオーちゃんの分ですよ」と、キャンディを入れて下さったりした。

お小さいときから、御所の庭の木の切り株から飛びおりたり、駆けっこをしたりで鍛えられている宮さまは、なかなかの健脚《けんきゃく》であった。体力が衰《おとろ》えはじめている私は、途中でハアハア言いはじめる。宮さまは、どんどん前へ進んで行かれる。私としては、おひとりで先に行かれて、もし危険なことでもあったらたいへんだと気がもめるのだが、宮さまは、そんな私の心配はご存じなく、先のほうに立ちどまって、気分よさそうに私を振り返ったりなさる。

「宮さま、すこしお休みしましょう」

私がネをあげると、素直に賛成なさった。そして私の分のキャンディをバッグから取り出してくださるのだった。

私の家族も、夏は軽井沢で過ごすことが多かったので、浩宮さまより一歳上の昇と、同じ年の美恵子も、山登りにお供させていただいたことがあった。

私は御所の中の官舎に住んでいたから、宮さまが私の家へおしのびで遊びに見えることもあった。だから、私の子どもたちは、子どもどうしのおつきあいのない宮さまにとっては、唯一の〃おさななじみ〃といえるだろう。

そんなわけで、山登りも三人の話がはずんで、私は〃のけもの〃であった。脚力がかなわないので、取り残されるのもやむを得なかったのだが、私は私で、あえて意識して〃のけもの〃に甘んじるようにした。それというのは、子どもは子どもどうしの時間が一番楽しいし、そういう時間を持つことの意味も大きいと考えたからであった。

この夏は、浩宮さまの心身のご成長が、とりわけすばらしかったように、私には思われた。幼稚園にお入りになったという、ひとつのターニング・ポイントがあったからかも知れない。

この年（昭和三十九年）は、十月に東京オリンピックがあり、今上天皇・皇后さまは、ほとんど連日のように各種競技をご覧になるためにお出かけになった。したがって、宮さまと私はごいっしょに過ごすことが多かった。

このころの宮さまのご生活で、私の印象に残っているのは、日課をキチンとお守りになるということであった。一般に、遊び呆《ほう》けて家に帰る時間を忘れたり、テレビの見すぎで、ベッドに入る時間が約束よりのびたりしがちな年ごろであるにもかかわらず、宮さまには、そういうことがなかった。

当時の記録によると、宮さまの日課は、おおよそつぎのようになっている。

午前七時～七時三十分　おめざめ

八時～八時三十分　ご朝食

九時　幼稚園へお出かけ

十一時五十分～十二時　（月・水・土）おかえり

午後一時五十分～二時　（火・木・金）おかえり

二時〜二時三十分　お昼寝《ひるね》
三時三十分　おやつ
五時五十分　ご入浴《にゅうよく》
六時　お夕食
八時　お寝《やす》みの支度
八時三十分　ベッドへ

日課を守るということは、約束を守るということであった。これもまた、基本的な生活習慣として大切なことであった。私は約束を守るということは、幼稚園の大熊先生が言った「他人に迷惑をかけない」ということともつながりを持つことだと思う。その意味で、日課については、注意ぶかく見守ったわけだが、宮さまはその点で私を手こずらせたことはなかった。習慣といえばそれまでだが、きめられたことをキチンと守るということは、おとなにとっても、容易なことではないのである。「今日だけは」とか、「一回だけ」などと言い訳をしながら例外をつくることが多い。浩宮さまは、けっしてそんなことをなさらなかった。

浩宮さまの日課の最後の一項「ベッドへ」がすむまで、私は御所にいることが多かった。そのあとで事務的なことを片づけたりして家に帰ると、私の子どもたちは、もう寝ていることもある。それだけでなく、日曜日も御所に出なければならないことがある。私の子どもたちは、父親を浩宮さまへさし上げてしまったような気持ちでいたようだ。

そのように、浩宮さまの生活時間と、私のそれとは完全に重なっていた。教育には、日々の成長をじっと見つめることが大切だ。イタズラをなさったことにお叱言《こごと》をいう場合も、なぜそういうことになったかを見ずに言うのは、危険なのである。

もっとあとのことであるが、私が何かでお叱言を申し上げたら、浩宮さまが、「オーちゃんの言ってること、すこしピントがはずれているよ」と言われたことがある。かなりはっきりした自己主張であるから、小学生になられてからのことだったかも知れない。

いつごろだったかも前後のいきさつも忘れているのに、宮さまの言われたことをはっきりおぼえているのは、子どもをよく見守らないでうっかりしたことを言ってはいけないということを、そのとき考えたからであった。

毎日のようにお側にいても、「ピントがぼけていること」を言うことがあるのだから、教育はむずかしいものだと思う。

浩宮さまの〝着袴《ちゃっこ》の儀《ぎ》〟は、十一月一日に行なわれた。これは、皇室のしきたりで、必ずしもきまっているわけではないが、およそ数え年五歳の年に行なわれる儀式である。十一月五日には、東宮御所でお祝いの夕食会が行なわれた。

こうして幼稚園生活の一年は、いろいろな意味で多くの収穫を得て、終わりに近づいて行った。

幼稚園生活の二年目に入ったころの浩宮さまは、よく「ボク、大きくなりたい」ということを口にされた。

私は、そのお言葉を、いろいろな点から興味深く思った。

宮さまはもともと、あまり大きいほうではない。それに、二月生まれ（早生まれ）なので、幼稚園は、前年生まれの子どもたちといっしょなので、お友だちの中で、小さいほうに属することは、やむを得なかった。

昭和四十年一月下旬の記録によると、身長一〇三センチ、体重一五・五キログラムである。

「大きくなりたい」とおっしゃるようになったのは、幼稚園でおおぜいのお友だちを知って、ご自分が小さいほうだということを自覚されたことによるのかも知れない。しかし、私は、それだけでなく、その年ごろの一般的な子どもの憧れだと解したほうがいいと思っている。大きなもの、強いものへの単純な憧れである。

そのころよくご覧になったテレビまんがの「鉄腕アトム」や「鉄人28号」が、その憧れを刺激したという点も見逃がすことができないだろう。

ともあれ、そんな憧れがあったので、しばらくの間は、皇后さまも私も、それをうまく利用したものであった。宮さまは生野菜、サラダが苦手であったが、

「生野菜を召し上がると、大きくなりますよ」

と申し上げると、

「それなら、食べる」

ということになるのだった。

幼稚園生活二年目の昭和四十年十月二十二日、皇后さまの御着帯式《ごちゃくたいしき》が行なわれた。

ご懐妊は、正確には三回目であった。二回目は当時くわしく報道された通り、ご

流産であった。このご流産は、三十八年三月二十二日のことであったが、浩宮さまは、事情をご存じなく過ごされた。もちろん、皇后さまが宮内庁病院に入院されたことはご承知だったが、なぜ入院されたかということまでは、おわかりになっていらっしゃらなかったようである。しかし、三回目のおめでたについては、公式発表になる前に、すでに、皇后さまからお話を聞かれていたらしい。

ある日、幼稚園からの帰りの車の中で、宮さまは、重大な秘密を打ち明けるように、私に囁《ささや》かれた。

「ボク、お兄ちゃまになるんだよ」

私は微笑して、

「それはよかったですね。おめでとうございます」

と申し上げた。そのときの宮さまの嬉《うれ》しそうなお顔つきを、私は忘れることができない。

それからというものは、何回となくそのお話が出た。私はそのすこし前に、浩宮さまとひとつの約束をしてあった。「オーちゃんには何でも打ち明けて話すこと」という約束である。宮さまとしては、お兄ちゃまになるということも、「オーちゃんには話しておこう」と思われたのかも知れない。私は、そのことをしばらくの間〝二人だけの秘密〟として、尊重した。

昭和四十年十一月三十日、礼宮文仁《あやのみやふみひと》親王がお生まれになった。そのおよろこびについての浩宮さまの第一声は、こうであった。

「オーちゃん、やっぱり男の子だったよ」

これでひとりっ子のお淋しさがなくなるし、心のご成長のためにもプラスになるだろう、と私は思った。

詩情豊かな人に

浩宮さまが、学習院の幼稚園から初等科へお進みになった二、三年間を振り返って、そのころに心の成長がどのようなものであったかということについて、書きとめておきたい。

情操《じようそう》が豊かであることは、勉強ができることより大切なことであると、世の親たちは考えているにちがいない。私も、平凡な親のひとりとして、そう思う。

両陛下〔現在の上皇上皇后両陛下〕は、そのことを、あらためてお口にすることなく、身をもってお示しになることが多かった。情操教育というものは、たとえば国語、算数、理科などというふうに項目をわけ、教科書を開いて、さあお勉強しましょうという形でできるものではない。

宮さまが幼稚園生活にもお慣れになった夏のはじめ、私は、担任の大熊先生から、いかにも宮さまらしいなと感じさせる話を聞かされた。

園児たちは、小さな鉢にアサガオの苗を育てていた。めいめいで自分の鉢の世話をしながら、愛らしい花を咲かせるまでの過程を体験させるのが狙《ねら》いだったが、幼い園児たちのことだから、先生もきびしいことは言われなかったらしい。中には種子をまくまでは熱心だったが、いつの間にか忘れてしまって、水をやることもしないような子もすくなくなかった。ところが浩宮さまは、毎朝の登園と同時にアサガオに挨拶《あいさつ》をするように水をやることをお忘れにならなかった。朝だけでなく、ときどき思い出したように、小さな鉢をのぞきこまれるご様子は、まるでアサガオに情が移ったように見受けられたという。

「やさしいお心は、お生まれつきなのでしょうか」

と、大熊先生は、言われた。お生まれつきでもあろうし、ご両親の日常生活からおのずから学ばれ身につけたものもあるだろうと、私は心の中で思った。

植物に限らず、動物や虫たちに対しても、同じであった。それには、お生まれになってすぐから毎年夏に軽井沢に行かれることも役立っていたのではないだろうか。

夏の軽井沢でのご生活が、宮さまの体力づくりに重要な意味を持っていたことについては、すでに述べた。情操面ということになると、私は、「千ヶ滝プリンスホテル」の庭の愛らしい虫たちのことを思い出す。

樹木や草の多いプリンスホテルの広い庭には、三本の誘蛾灯《ゆうがとう》が立っていた。朝お目ざめになるとすぐ、宮さまは、その誘蛾灯の下へ駆けて行かれるのであった。螢光にさそわれた虫たちが、そこにはいっぱいいた。カミキリムシ、カブトムシ、カナブンブン……。宮さまは、それらを虫籠に入れて、キュウリやナスで大事に育てられた。宮さまは、その虫たちを、お友だちのように扱われた。都会のデパートで昆虫が売られている話を聞くたびに、私は、幼い子らが自然の生きものを友だちにできなくなっていることを、もっともっとおとなたちが、真剣に考えてみなければならないということを感じるのである。

余談になるが、愛らしい虫たちを友だちにするという点で、浩宮さまと礼宮さまとでは、ちょっと違いがあった。浩宮さまは目を細めてやさしくいたわりを示されるのだが、礼宮さまは、どちらかというと、突いたり放り出したりして、愛情を示されるのである。浩宮さまは、好きな虫を慎重に選ばれるようなところがあったが、礼宮さまは、相手かまわずお友だちにされた。礼宮さまは、虫にかぎらず、ヤギとかブタとかに平気で親愛の情をお示しになって、私たちをハラハラさせたものであった。そのようなご性格のちがいもまた、ご両親にとって、お楽しみのひとつではなかったかと思う。

ある日、御所のお庭で浩宮さまが言われたことを、私は、いまだに忘れないでいる。陛下が浩宮さまに早くから乗馬を教えられたことは、よく知られている。週二回（木曜、日曜）、〝光朗〟という名のオス馬をお与えになって、御所の中の広場で、陛下みずから指導なさった。

はげしい練習の合間にちょっとお休みになったとき、宮さまが、とつぜん私にこう言われたのである。

「光朗がうれしそうにボクのほうを見たよ」

馬にも心があり、それはご自分の心と同じように動いていると信じておられる宮さまは、詩人であった。「うれしそうに」という一言で、私は、自分の心が洗われるように感じた。

浩宮さまと音楽の結びつきも、情操教育ということでは、かなり大きなウエイトを占めている。

小さなレコードプレイヤーで音楽をたのしまれるようになったのは、三歳になられて間もなく——幼稚園にお入りになるすこし前——のころからではなかったろうか。はじめは童謡をおかけになることが多かった。「春がきた」「春の小川」「村まつり」など、私たちにもおなじみの童謡が、毎日のように、プレイヤーから流れていた。そのうちに、クラシックをお聴きになるようになった。私もクラシック音楽が好きで興味を持ったが、宮さまの音楽熱はしだいに高まり、一年ほどの間に、レコードの種類も、かなり広く高度のものになって行った。宮さまがよくお聞きになった曲を思い出すままにあげてみると、モーツァルトの「セレナーデ」、メンデルスゾーンの「バイオリン協奏曲」「真夏の夜の夢」、チャイコフスキーの「くるみ割り人形」「白鳥の湖」、プロコフィエフの「ピーターと狼」、ハイドンの「おもちゃ交響曲」、スーザの「忠誠」などである。

考えてみると、宮さまの音感教育は、お生まれになってすぐからはじまっていたのであった。ご両親とも音楽がお好きという、恵まれた条件もあった。

陛下が、チェロを演奏なさることはよく知られているが、これは、宮内庁楽部の東儀《とうぎ》信太郎氏のご指導によるものであった。皇后さまはご結婚前からピアノをマスターしておられたし、ハープも三十九年から桑島すみれさんのご指導でおはじめになっていた。

両陛下がはじめておそろいでアメリカ訪問の旅に出られたのは、三十五年九月であったが、そのとき浩宮さまは、お誕生後七カ月しかたっていなかった。その浩宮さまに、お留守中お聴かせするように、皇后さまは、テープにご自分で子守唄を録音して行かれた。

このように、音楽的な環境に恵まれた浩宮さまが、天性に加えた豊かな感受性をお見せになったのは、当然といえば当然かも知れない。

しかし、私は環境に恵まれたから、自然のなりゆきとしてそうなったというだけでは片づけられないものがそこにあったと考えている。

それは、両陛下のご努力であった。

一例をあげれば、浩宮さまがバイオリンをおはじめになると、皇后さまもごいっしょに初歩からおはじめになった。ご公務があるのでいつもごいっしょというわけにはいかなかったが、皇后さまもおはじめになったということだけで、浩宮さまへの教育的な効果は大きかったのである。そして、三カ月ほど宮さまのためにおつづけになった。

そもそも宮さまのバイオリンへの興味は、陛下のチェロに触発されたものであった。陛下がチェロの演奏を楽しまれるのをごらんになった宮さまが、ある日とつぜん、

「ボクもチェロを習いたい」

と言われた。両親が本を読むのが好きで、蔵書の多い雰囲気の家庭では、子どもが読書好きになるものである。また、男の子は、尊敬する父親のやっていることに憧れを持ち、真似をするものなのである。宮さまのチェロも、それであった。

両陛下は宮さまの希望に満足気《まんぞくげ》にうなずかれたが、しかし、まだお小さい宮さまに、あの図体の大きいチェロは、いかんせん無理であった。

そこで、「バイオリンを習ったらどうだろうか」ということになった。同じ弦楽器だから、浩宮さまにはバイオリンはチェロの赤ちゃんのように見えたのか、素直に同意された。

バイオリン指導は、桐朋学園の久保田良作先生にお願いすることになった。おはじめになったのは、幼稚園に通われるようになった、三十九年の十一月からだった。

ところで、ご自分の望まれたことであったにもかかわらず、このバイオリンの修業は、浩宮さまにとって、かならずしも楽しい面ばかりではなかった。

バイオリンの練習は、週一回（水曜日）、御所の一階の談話室と呼んでいる吹き抜けの広い部屋で行なわれた。そこにはグランドピアノがおかれてあって、伴奏にも便利だったからである。

かんたんな楽譜の読み方、音階の練習からはじまって「キラキラ星」あたりまで進んだころから、私は、あることに気づいた。水曜日の午後、そろそろ久保田先生がお見えになるころになると、宮さまが、じつに気の重そうな顔になるのである。もちろん、私には、その理由が、ピンときた。「今日は練習を休みたい」――そう宮さまは思っておられるのであった。

これは、お稽古事《けいこごと》をしている子どものほとんどに見られる現象である。途中でレッスンに嫌気《いやけ》がさすということは当然あり得ることであって問題ではない。問題なのは、そういう場合の両親またはそばにいる者の指導の仕方であろう。

皇后さまがご自分でバイオリンをおはじめになられたのは、右のようなことを賢明に予想されてのことであったにちがいない。しかし、皇后さまは家庭教育よりもご公務を優先させなければならない。お母さまとしては辛いお立場であった。そして、そういう場合、いくらかでもお力にならなければならないのが、私の役目であった。

私は、宮さまがレッスンをお続けになるために、あの手この手を弄《ろう》したわけではないが、心をオニにしてきびしくならなければいけないということを自分に言い聞かせた。

宮さまは、子どもらしいやり方で、抵抗なさることがあった。たとえば、久保田先生がお見えになっても、砂場から離れないのである。

「レッスンのお時間ですよ」

と申し上げると、

「もうすこし……」

と引き伸ばし作戦をおとりになる。こういうとき、こちらが楽になるのは「そんなにおイヤなら、今日だけ特別にお休みして、このつぎからつづけましょうね」というやり方である。多くの場合、そういう妥協案を出したおとなは、内心ではまずいと気がついているので「ほんとうに今日だけ特別ですよ」などと念押しして自分を慰《なぐさ》める。

これは、いけないやり方だと思う。私もそうしたほうが楽だと考えることもあったが、役目に対して誠実であるためには、妥協してはいけないと思いなおした。感情を顔に出さず、「レッスンはレッスンです」と押しの一手だったので、そばにいる私を、宮さまはさぞウラミに思われたことだろう。

しかし、心をオニにすることばかりでいいものでもない。このへんが難しいところであるが、押しの一手のほかに私がやったのは、私がすこし弾《ひ》けるギターを持ち出すことであった。

久保田先生のレッスンのときは、私のギターなどは邪魔になるが、毎日の練習には、けっこう役立ったようである。週一回先生がお見えになって、「このつぎまでこういう点に気をつけてよく練習しておいてください」という指示が出る。その指示にしたがっての毎日の練習に、私が自分のギターを持ち出すわけである。

これは、皇后さまがバイオリンをおはじめになったお気持ちと似ていて、いくらかでも浩宮さまがレッスンをおつづけになるための支えになればという願いからであった。

ここでまたちょっと余談をはさむと、私のギターは、最初は先生に通ってかなりの意気ごみではじめたのであったが、御所での仕事が定時にキチンと帰れなかったり、上達ぶりが芳《かんば》しくなかったりで、いまだに未完成である。その点、いまは、嫌気がさすどころか、ご自分から楽しまれる境地に到達していらっしゃる宮さまに対して、大いに恥ずかしい。

宮さまがバイオリンをおはじめになったことの収穫が、もうひとつある。それは、音楽とは直接の関係はないが、姿勢がよくなられたということだ。

腰を真っすぐ伸ばした姿勢は美しいばかりでなく、物の見方や考え方にも影響するのではないかと、私は思う。バイオリンは、宮さまの人間形成に、すくなからぬ役割を果たしているようである。

また、レコード鑑賞だけでなく、楽器をひとつこなすということは、音楽的に一歩深く入ることであって、宮さまの場合も、その点での進歩は顕著であった。鑑賞や演奏にあきたりず、指揮者への憧れをお見せになったことなど、その一例である。ベートーベンの「第九〔交響曲第九番〕」の複雑な構成をすっかり頭に入れて、レコードをかけながら指揮の真似をなさるようになったのは、バイオリンをはじめて三、四年くらい経ったころであった。

宮さまは、比較的高くよく透《とお》るお声の持ち主である。その澄んだお声で、あたりかまわず歌っていらっしゃることもあった。

音楽以外のことに話題を転じてみよう。

「光朗がうれしそうに……」と言われた宮さまの詩的感受性は、多くの詩、俳句などの作品にあらわれている。時間的に前後するが、初等科一年のとき、学習院の屋上から富士山を遠望してつくられた作文が、「小ざくら」という学校の文集に収載《しゅうさい》されているので、紹介してみよう。

ふじ山をみた　一年　なるひとしんのう

あさ、おきてから、がっこうへいきました。

あそんでいるとき、先生が、

「ふじ山がみえますよ」

とおしえてくださいました。

みんな、かいだんをあがりました。

おくじょうにつきました。

ふじ山が、こくりつきょうぎじょうのわきにみえました。

ぼくは、はじめはくもだとおもいました。先生が、

「ふじ山ですよ」

と教えてくださいました。

ぼくはとてもうれしかったです。

みんな大きな声で、

「ふじ山だあ、ふじ山だあ」

と叫びました。

ぼくあんまりうれしかったので、おくじょうからおっこちそうになりました。

こういう素直な文は、人の心やさまざまな事物をどう受けとめるかという人間としての基本的なものにつながる。詩や俳句をつくるということは、文に限らず、いろいろなものを創造するということと結びつく。そしてそのつくるという行為にみちびき、さらにつくるという行為から生まれるものが、情操といっていいだろう。

宮さまがひとりでおつくりになった〝青木新聞〟も楽しい思い出のひとつである。これは、ニュースあり、マンガあり、クイズありといった、なかなかたのしい手書きの新聞で、できあがるたびに私たち職員にも見られるように廊下にはりだされた。私たちは、宮さまがお出しになったクイズに応募したりした。

その他、絵や書道も、創造の喜びを体験として味わっていただくために、大切なものであった。絵は、初等科にすすまれてからは、クレヨンや水彩にあき足りず、皇后さまの手ほどきで油絵を試みられたり、多色刷りの版画を制作なさったりした。

このような芸術的な分野では、両陛下も私の意見も、できるだけすぐれた作品の本物に接する機会をつくる必要があるということであった。芸術に目を開き、感覚を養うのには、理屈でなく、いい作品にふれることだからである。

今上天皇は、英国女王の戴冠式に参列なさった折りに、ヨーロッパの巨匠《きょしょう》といわれる何人かの画家の作品を買ってこられた。その中の一番小さなルノワールの作品を、浩宮さまのお部屋に飾られた。これは、本物に接することを大事にされた陛下のお考えのあらわれであった。

その後、浩宮さまが各種の展覧会にお出かけになることが多かったのも、同じ考えからであった。

宮さまが、学習院幼稚園のコースを終えられたのは、四十一年三月二十一日であった。

皇后さまは、その日の卒業式に、お母さまのひとりとして参列された。

私も当然参列しなければならなかったのであるが、あいにくその三日前に、盲腸炎の手術を受けなければならなくなって、宮内庁病院に入院してしまっていた。

そのことで、私は、はからずも、両陛下と浩宮さまのやさしいお心にあらためて感銘する忘れられない経験をすることになった。

まず、浩宮さまである。卒業式の日の午後、宮さまは、幼稚園の制服のまま、修了証書と小さな花束を両手にかかえて、私の病室に現われたのであった。

「オーちゃん、ボク卒業したよ」

私は嬉しかった。胸の中が熱くなってきた。長い人生のひとつの節を刻《きざ》んだという意味で修了ということの感激は、幼稚園でも大学でも変わりがない。宮さまは、はじめて経験するその感激を、まずご両親に伝え、そしてその足で、まっすぐ私に伝えるためにやってこられたのである。

「おめでとうございます。よくがんばりましたね」

私は、お祝いと励ましを、もっともっと多く言ってさしあげたかったのであるが、それだけで、言葉がとぎれてしまった。

そして、数日後両陛下が、とつぜんお見舞いに見えてくださったのである。ひとりの侍従のための病気お見舞いは異例のことであるばかりでなく、病院当局も、そのことを知らされたのは、ほんのすこし前であった。みんながおどろいているうちに、両陛下は、お気軽においでになったのである。

「手術のあとはもう痛まないですか？」

と皇后さまはおやさしいことばをくださった。私の家内などは予期しなかったことだけに、周章《しゆうしよう》狼狽《ろうばい》というありさまであったが、同じ病棟に入院していた人たちには「浜尾さんのおかげで、お二人のおやさしい本当のお姿をそばで拝見できて一生の思い出になる」と感謝されたりしたのであった。

私は、この項のはじめで、情操教育というものは、教科書をひろげてできるものではないということを言った。〃教育〃という言い方をするならば、それは言葉として伝えられるよりも、日常の行動を通じて目に見えない微粒子が移って行くような形のものではないか。そして、両陛下から浩宮さまに通っているものがそれだと、私はしみじみと思ったのであった。

独立心を育てる

学習院幼稚園での二年間は、浩宮さまにとって、新しい世界への旅立ちのようなものであった。独立心を持って、ご自分の足で歩かなければならないという自覚を、幼いながら強められたことは、幼稚園という集団で、宮さまが学ばれた中で、特筆されるべきものではないかと私は思う。

一方、卒業なさるすこし前に、礼宮《あやのみや》さまがお生まれになって、〝お兄ちゃま〟としてのご自分を、はっきり意識なさるという心のご成長も見られた。

この項では、宮さまがご自分の足で人間としてたしかなステップをすすめるようになってゆかれた微妙な過程を、ふり返っておきたい。

礼宮さまは、昭和四十年十一月三十日に、宮内庁病院でお生まれになった。五歳ちがいの弟宮さまであった。

お生まれになったのは、時計の針が三十日へまわってまもなくの午前〇時二十二分であった。私は当直ではなかったので、その時刻には、家に帰っていたが、喜びの知らせを受けた瞬間に頭に浮かんだのは、浩宮さまのことであった。

(宮ちゃま、どんなお顔をなさるかな?)

私は、そんな思いで、ひとりで口許《くちもと》がほころびるのであった。

深夜のご出産のため、浩宮さまには朝お伝えすることになった。浩宮さまに喜びの第一報をお届けしたのは、当直の侍従ではなく、お側に仕えている事務官であった。

ベッドですやすやお寝みだった浩宮さまは、パッとおきあがって、

「やっぱり、僕の言った通り男の子だったネ」

と言われたそうである。

皇后さまからおめでたのことを、早い時期に話していただいた宮さまは、「ボク、お兄ちゃまになるんだよ」と、私にそっと囁《ささや》かれたのだが、どういうわけか、そのときいらい、生まれるのは男のお子さまだと確信され、そのことをしばしば口にもされていた。幼い願望が実現して、「やっぱり……」ということになったので

ある。

私には朝のベッドの中で、快心の笑みをお見せになった浩宮さまの、その後の表情の変化を、ひそかにうかがうような気持ちがあった。それというのも、礼宮さまがお生まれになるつい数日前に、私は「宮ちゃま、強くなってくださいね」と、心の中で呼びかけるような出来事にぶつかっていたからである。

その数日前に、浩宮さまは私がお供《とも》して、東京の西郊《せいこう》にある陣馬山《じんばやま》へ登られた。お身体をきたえるための山登りは、軽井沢でしばしば経験されているので珍しくはなかったが、その日の宮さまは、とくべつの期待を持っておられた。それは、山頂からの富士山の眺めがすばらしいということであった。

富士山がお好きで、作文にも書かれた宮さまに、そのことをとくに楽しみにしてくださるように申し上げたのは、下検分《したけんぶん》をした私であった。山を登りながら、富士山の話が出た。

小春日和《こはるびより》のすばらしい天気だったので、私も、きっと宮さまに満足していただけるだろうと思っていた。ところが、山頂で浩宮さまをお待ちしていたのは、富士山の美しい遠望ではなくて、おびただしいカメラマンの円陣であった。わっと取り囲

まれて、見えるものは、カメラの放列ばかり。宮さまは心細そうに、私を見上げて、

「オーちゃん、富士山はどこなの？」

と、言われた。

そういうことは、お立場がお立場なので、仕方のないことであったが、私は、宮さまの心細そうなお顔を見て、心の中で、こう呼びかけていたのである。

（宮ちゃま、強くなってくださいね。カメラマンをかきわけて富士山が見えるところまで出て行かれるような、逞《たくま》しい皇子さまになってくださいね……）

このときに限らず、私は、宮さまの繊細な感受性や、やさしいお気持ちが、〝男の子〟としての弱さにならなければいいがと心配することがしばしばあった。

しかし、私の心配は、礼宮さまがお生まれになっていらい、しだいに影をひそめて行ったのである。〝お兄ちゃま〟としての自覚が、浩宮さまの心に、強い支柱を加えたように私には感じられたのである。

ある日、ベビー・ベッドの中で、元気な泣き声をあげておられる礼宮さまを見や

りながら、浩宮さまは私にこう言われた。

「アーヤは、泣いてもいいんだよネ」

私は微笑して、深くうなずいた。私はそれまで、浩宮さまが気弱なことを言われるときは、「男のお子さまが、そんなことでどうしますか」と、突っぱねるように激励し、泣かれるときは「男の子が泣くものではありません」というふうに、お叱りしてきた。そのことをよく心にとめておかれた浩宮さまは、礼宮さまが泣き声をあげられるとき、私が叱りはしないだろうかと先回りした心配をされ、お兄ちゃまとして弁護役を買って出られたわけなのである。

私は口にこそ出さなかったが、このお兄ちゃまぶりが、たいそう嬉しかった。私は、「おや？」と宮さまのお顔を見て「なるほど」とうなずくような感じで、自主性、独立心、男の子らしさがしだいに育って行くのを認めた。

「アーヤが笑ったよ」「アーヤがクシャミしたよ」というような楽しい報告を、浩宮さまは日に何度も私に伝えられるのだった。

ところで、両陛下〔当時は皇太子同妃両殿下、現在の上皇上皇后両陛下〕は、浩宮さまを「ナルちゃん」、礼宮さまのことを「アーヤ」、そして後にお生まれになった紀宮《のりのみや》さまのことを「サーヤ」とお呼びになった。このご愛称は、両陛下がお決めになったのだが、正式のお名前は、天皇陛下（昭和天皇）にお決めいただくのが、御所のしきたりになっている。

ご命名のことについてふれる機会がなかったので、ここで三人のお子さまのお名前の由来について、かんたんにふれておきたい。

お子さま三人のお名前は、いずれも、宇野哲人《てつと》、諸橋轍次《もろはしてつじ》という国文学の泰斗《たいと》が、資料を調べ、いくつかの候補を選出し、それを宮内庁長官が二つか三つにしぼり、最後に天皇陛下（昭和天皇）に、ひとつ選んでいただくというのが、手順になっていた。

浩宮さまの場合は、中国の古典『四書五経』の中の『中庸』第三十二章にある、「浩々たる天」と、「聡明聖知にして天徳に達する者」から二字を選んで、浩宮徳仁《なるひと》親王のお名前がきまった。

礼宮文仁《ふみひと》親王のお名前は、『論語』第十二篇の「博《ひろ》く文を学び、これを約するに礼をもってすれば……」の部分に基づく。〝礼〟はいうまでもなく、秩序を保つための道徳の芯になるもの。

後にお生まれになった紀宮清子《さやこ》内親王のお名前は、『万葉集』巻六にある山部赤人が、紀伊《きい》の国へ旅したときの長歌からとられた。歌の中の「沖つ島、清き渚《なぎさ》に風吹けば」の清と、紀伊の国の紀を組み合わせたものである。

ナルちゃん、アーヤ、サーヤは、それぞれ徳、礼、清の音から愛らしい呼び名として皇后さまがお決めになったものであろう。ついでに、書き添えておくと、お持ち物などにつけるシンボルマークともいえるおしるしは、浩宮さまが梓（アズサ）、礼宮さまが栂（ツガ）、紀宮さまが未草（ヒツジグサ）である。

さて、浩宮さまは、将来皇位を継承なさる方であり、礼宮さまは比較的ご自由なお立場であるということから、ご教育の基本方針にちがったものがあるのではないかという私への質問がよくあった。その都度私は、首を横に振ってきた。

常識的な考え方からしても、ご教育の基本方針が、きょうだいでちがうわけはないが、陛下は、ご自分のお小さいころのことをお考えになって、とくに、浩宮さまと礼宮さまは、あらゆる点で同じようにということを意識しておられたように、私には思われた。

陛下と弟君の常陸宮《ひたちのみや》さまが、ちがった育てられ方をしたというわけではない。ただ、あの当時の考え方として、皇太子殿下は特別な存在であるという教育法が徹底していただけなのであるが、陛下ご自身としては、ご両親、ごきょうだいが同じ屋根の下で、毎日親しくふれ合ったり、子どもどうし、かくれんぼやゲームをしたりするという、ご生活でなかったことを残念がっておられたのであろう。

皇位《こうい》継承者としてのご教育は、いずれプラスされるにしても、幼少時代のお子さまたちは、みな同じようにお育てになりたいというのが、陛下の強いご希望であった。皇后さまが陛下のそのお考えをお喜びになったことはいうまでもない。

そういうお考えで、両陛下が、もっとも大切にされたことのひとつは、自分の足で大地を踏みしめて歩く、独立心の強い人間になってほしいということであった。

話が少しさかのぼるが、幼稚園にお入りになる前に、担任の大熊先生から、入園予定者のお母さんたちに、「身のまわりのことは自分でできるように、よく練習させておいてください」という注意があった。手を洗う、服を着替えるなどといった、簡単なことが自分でキチンとできるということから、独立心は養われる。浩宮さまは、前にもちょっとふれた通り、器用なお方ではなかった。万事手際よく片づけるというタイプではなかった。それは大きくなられたら、おそらく慎重なお人柄の要素となるのだろうが、お小さいときは、できないことは人にやってもらうという、いけない癖をつける危険性を持っていた。

ましていて、浩宮さまのまわりには、頼めば何でもやってくれる人が多くいた。看護婦三人、女官四人、身のまわりの世話をする内舎人《うとねり》と呼ばれる人（男性）が四人、侍従が私をふくめて七人である。

私たちは、気持ちを合わせて、手を出したくなるときも手を出さないのが、両陛下の意に添った教育であった。

いまになると、信じられないような話だが、陛下は、ご自分のお小さかったころを回想されて「自分ははじめて学習院に入ったとき、階段がこわかった」と言われたことがある。ご幼少時代のご生活で、階段を上り下りしたり、ときには子どもらしく転落するというようなご経験がなかったからである。

だから、陛下は、浩宮さまに対しては、階段を上り下りするとき、手出しをなさらなかった。私たちも、そのことを守った。陛下のお子さま教育は、理論倒れにならず、体験的な部分が多く、私を敬服させた。

礼宮さまがお生まれになって、〝お兄ちゃま〟らしさとしてあらわれたものは、幼児期いらい一貫したご教育の成果のひとつであろうというのが、私の見方である。

時間的には前後するが、もうすこしさかのぼって、浩宮さまの秘められた強さのようなものが、いかにして養われたかについて、考えてみたい。

皇后さまは、浩宮さまがお部屋でひとり遊びをなさる時間を大切にされた。浩宮さまはそんなとき、積み木、絵本などのほかに、小さなご自分のプレイヤーで、音楽をお聴きになるのがお好きであった。

「そういうときは、できるだけ放っておいて、自由にさせてください」

皇后さまは、そう言われた。

だからといって私は、責任上、事務室へ行って仕事をするというわけにもいかない。もうすこし大きくなられてからは目を離すことができたが、幼児期は、いけないものをお口に入れたり、思わぬことでケガをなさるというようなことがあってはならないので、お側にいてさしあげることは必要であった。

私は、宮さまがひとり遊びをなさる間、気を配りながら読書をすることにした。

私は自分の本を、いつでも取り出せるように、浩宮さまのお部屋の机の引き出しにしまっておいた。

習慣になると面白いもので、私が「宮ちゃま、ひとりでお遊びになる時間ですよ」と申し上げると、宮さまは、さっさと机の引き出しを開けて私の本をとり出されるようになった。「オーちゃんはこれを読むんでしょ? ボクはひとりで遊んでいるからネ」というわけである。

お遊びに夢中になっていると、お食事の時間になる。おおよそ時間をみはからって、私が後片づけをはじめていただくようにする。しかし、どこの家庭でもそうだろうが、子どもが遊びに熱中したあとの散らかりようは、おとなの手でも、かんたんには片づかないものである。私は、しばしば手をかしてあげたい誘惑にかられたが、じっと耐えた。「自分のことは自分で」も「後片づけをキチンと」も、きちんと守っていただくということが、私の責任だからである。

私がじっと見守る前で、浩宮さまは、一生懸命に積み木や自動車の後片づけをなさった。面白くなかったにちがいない。三十分以上もかかることもあった。やっと片づき、手を洗って食堂へ入ると、両陛下は、先にお食事にされず、浩宮さまを待っておられた。

御所の広いお庭のテラスで、浩宮さまが赤い三輪車を乗りまわすようになられたのは、いつごろからだったろうか。

三輪車を卒業すると、補助車つきの自転車、そのあとは補助車をはずすというふうに、だんだんと成長された。その間ずっと守り通したことは、宮さまが転ばれても、抱きおこさないということであった。宮さまは、半分ベソをかかれた顔で、それでも必死になって、ご自分で自転車をおこそうとされる。私は、自分の手がいまにも動きそうになるのをじっと抑えて、それを見守っていなければならなかった。

きびしくしなければならない点を、おとなも感情に負けずにきびしく守るということで、子どもの心は強くなる。その点私は、つい負けてしまうこともあった。たとえば、両陛下がご旅行などでお留守のときは、私が宮さまとごいっしょに食事をする。宮さまは、野菜サラダが苦手であった。私は、食べていただきたい一心で、ついフォークでお口に運んであげたりした。すると、しばらくの間、宮さまは、私がフォークでお口に入れてあげない限り、嫌いなサラダは残してしまわれるようになった。ここは心を鬼にしなければならぬとすぐ気がついて、両陛下も私も、宮さまがサラダを、ご自分できれいに召し上がるまでは黙って待つことにしたので、問題は後をひかなかったのであるが……。

幼稚園は帰りの時間になると、お母さんたちが迎えにくる。保母の先生たちは、一人一人子どものお母さんであることを確認して、さよならをするという慎重な配慮をしておられた。

お母さんが迎えてくれるということは、子どもにとって、格別な嬉《うれ》しさがあるにちがいない。その点、皇后さまは、予定された行事とか、父母会にはお出かけになられたが、毎日のお迎えは、おできにならない。できればそうしたいというお気持ちであったろうが、そこはお立場からいって、やむを得ないことであった。

(他のお友だちは、みんなお母さんがきているのに、ボクだけはこない……)

お母さんたちに交じってお迎えに立っているのが、男の私なのであるから、浩宮さまがそんなふうにお感じになったとしても、ふしぎではないだろう。ちょっとお淋しいという気持ちになられたことも、あったのではないだろうか。

お口には出されないが、それだけに私には、宮さまのお心の中がわかるような気がした。

（ボクは、お友だちとはちがう……）

という感じを、このころから、ばくぜんと抱きはじめられたのではないかと思う。しかし、それはそれとして、宮さまはメソメソなさることはなかった。繊細ではあるが、シンにはお強いものがあったのである。

またすこし話が前のことになるが、浩宮さまが満三歳になられて間もなくのころ、流産なさった皇后さまは、三カ月間ほど、ご静養のためにほとんど葉山で過ごされた。ご両親の外国旅行でも、こんなに長い間離れてお暮らしになったことはなかった。その間、私が見たところでは、浩宮さまは、ふだんと変わらず快活であった。

（このお子さまは、どこか違う。備わったものがおありになる。耐えるということを知っていらっしゃる……）

そんなふうに私は感じた。お子さまとしてごく自然なわがままや甘えも、もちろんあった。それがありながら、どこかシンのところに強いものを持っておられることを、私は、きわめて貴重なことだと思った。そして、その貴重なものを、独立心、克己心《こっきしん》などというものとして育ててあげるように努力をつづけたつもりであった。

後に幼稚園という集団の中へお入りになって、いやでもやらなければならないこと、自分本位に考えずに、まわりのお友だちに協力しなければならないことなどがあるということに、比較的はやく目覚められたのは、そのようなシンのところに、耐える力があったからであろう。

礼宮《あやのみや》さまがお生まれになってからしばらくの間、宮さまと私の間は〝アーヤ〟の話で持ちきりであった。

宮さまは、幼稚園からお帰りになると、すぐ礼宮さまのベッドのところへ走って行かれる。そして、天井からぶらさがったカランコロンをまわしてあげたり、ベッドにリボンを結んであげたり、せいいっぱいの愛情を表現された。

一般に、下の子が生まれるとしばらくは上の子が、お母さんの愛情を奪われたように感じるものだそうである。そのために赤ちゃんをいじめたり、ひどい場合は、ノイローゼの症状を呈するという。しかし、浩宮さまは、そういうことは、すこしもなかった。その点では、美智子さまのお心くばりがこまやかに行き届いていたというべきだろう。

「ナルちゃん、赤ちゃんをおたたさまといっしょにかわいがってね」というふうに、お生まれになる前から躾《しつ》けておられたのである。そして礼宮さまがお生まれになると、お兄さまとしての自覚をもたれた。

この〝お兄ちゃまらしさ〟は、浩宮さまに両陛下が期待しておられた、独立心を象徴している。そのような心の強さを育てながら、いよいよ初等科（小学校）へすすまれる準備がはじまるのである。

三　少年時代のご教育

初等科へのご通学は、車にするか、徒歩にするか——この答えは「徒歩にする」と陛下がきっぱりお決めになった。他の児童と区別しない教育が両陛下の一貫した方針であった。

お父さまゆずりの制服

浩宮さまが、学習院初等科（小学校コース）へおすすみになったのは、昭和四十一年四月であった。

ご入学に先立って、前年の十一月二十七日には、そろって進学する幼稚園時代のお友だち四十人の面接が、初等科で行なわれた。この場合も、宮さまが特別あつかいを受けることはなかったので、私は、他のお子さんのお母さんたちと同じように、面接の部屋までつき添って行くことはしなかった。

面接は、五人一組ずつ進められるということであった。集団の中のお一人として、順番がまわってくるのを待っておられる宮さまのお顔を想像して、私は、幼稚園とはまたちがった社会の中へ巣立って行かれるために、あらゆることを堂々と強く受けとめていただきたいと祈った。

面接でどんなことを聞かれたか、私は知らない。

「いかがでしたか？」

出てこられた浩宮さまに、私はたずねた。

「初等科って、おもしろいネ」

これが宮さまの最初の感想であった。どこがおもしろいのか、私はあらためて問いただすことはしなかった。しかし、断片的にお話なさったところから、おおよその察しはついた。

建物が大きい。教室が多い。校庭が広い。上級生はたくましく見えるし、先生もいっぱいだ。なんとなく、おとなっぽく、幼稚園とはちがった雰囲気だ。――そんなことが、「おもしろい」という言葉になったのだろう。それは、自分はもう小学生になるのだということを自覚された宮さまの、この上ない喜びをあらわす言葉だったにちがいない。

東宮御所の庭は、桜が花ざかりだった。

あと幾日かで初等科の入学式があるという日、浩宮さまは、その桜の木の下を、初等科の制服姿で歩いておられた。入学前の子どもは、その日を待ちきれずに、ランドセルを背負ってみたり、制服を着てみたりするものだが、浩宮さまも例外ではなかった。

学習院の制服は、昔から変わらない。紺の詰襟《つめえり》、上衣の合わせは赤い線の入った蛇腹《じゃばら》で、ホックでとめるようになっている。半ズボンから可愛い膝小僧《ひざこぞう》が出ている。帽子の記章はサクラ。その制服姿は、かつて陛下〔現在の上皇陛下〕が初等科へすすまれたときと、まったく同じであった。

私は、学習院では、陛下よりも八年先輩にあたるが、浩宮さまの制服姿を見ていると、自分が同じ制服で初等科へすすんだころのことも、ありありと思い出した。小学校入学の感激は、一生忘れられないものらしい。

私は、浩宮さまが、おとなになって、この日のことを思い出されることもあるだろうと想像して、胸があたたかいもので満たされてくるのを感じた。

初等科の入学式は、四月八日に行なわれた。

この入学式の日どりも、陛下がご入学なさったころと変わらない。ただ、変わっている点は、両陛下（現在の上皇上皇后両陛下）が〝父兄〟（学習院では父兄会のことを父母会というが）として参列されたことであった。

浩宮さまのご教育で、幼稚園をどこにするかについては、いくつかの考え方があって、結局学習院ということに落ちついたが、小学校コースの場合は、その学習院の初等科にすすまれるということに、論議の余地がなかった。そして、幼稚園時代から、一貫して陛下が大切になさったのは、他の児童と区別しない教育をするということであった。

そういうお考えに徹しておられた両陛下としては、入学式にそろって参列なさるということは、きわめて自然なことであった。歴史的に見れば異例のことでも、お気持ちとしては自然であることをできるだけ実行に移す——これは、教育に限らず、ご一家の基本的な姿勢であるともいえるし、そこに深い意味もあるというべきであろう。

入学式は、新入生だけだったが、つづいて行なわれた始業式は、二年生以上の上級生も加わった。その間、両陛下は、正堂《せいどう》（講堂のこと）二階正面の定められたお席で、百二十九人の新入生のひとりとして新しい出発の儀式に参加していらっしゃ

学習院初等科入学式の朝

る宮さまを見守っておられた。私は娘の美恵子がやはり新入生のひとりであったが、親の役目はすべて妻にまかせ、侍従として、報道陣の世話焼きに忙殺《ぼうさつ》されていた。「すべて他の児童と同じように」といっても、なにかあれば報道陣が押しかけるというようなところは、他の児童とはちがう現実の一面である。

そのちがう面をそれとして上手に処理しながら、宮さまご自身には「他の児童と同じ」体験をしていただく。それもまた私の務めのひとつであった。

学習院初等科の教育方針を、私はかねてから聞かされていた。ご一家としても学習院としても、はじめてのことなので、入学式の前に何回か私が出向いて打ち合わせをしていたからである。

「常に健康で、実践的創造的意欲や経験を重んじ、健全でゆたかな知性と心情とを養い、国家社会に貢献できる良識ある日本人の素地を養成する」

これが、初等科の教育方針である。

始業式のあと、学級主管（担任）は小俣《こまた》万次郎先生と発表された。小俣先生は、昭和十六年以来学習院初等科の教壇に立っておられるベテランであった。当時五十二歳。浅ぐろく男性的なお顔に眼鏡をかけ、その奥の眼が柔和で、子どもが好きで、子どもに好かれもするというタイプの先生である。島津《しまづ》貴子さんが内親王清宮さまとして、近衛甯子《このえやすこ》さんが三笠宮さまとして、また前年まで三笠宮憲仁さま〔高円宮憲仁親王殿下〕が教えを受けられた方であり、私は、宮さまのためにほんとうにいい先生がいてくださったと喜んだ。

浩宮さまのご入学を祝う陛下からの贈り物は、机をはじめとするお勉強用具であった。東宮御所の南棟の階下、お遊戯室と並んだ部屋に、机は、西向きにおかれ、光が南側の大きな窓から入るようになっていた。北側の壁には本棚がおかれた。他の壁には日本と世界の大きい地図が一枚ずつはられ、地球儀も用意された。

それからさらに浩宮さまは、もうひとつ楽しいプレゼントを受けられた。それは、お庭の花壇の一部を両陛下から譲渡（?）していただいたことである。そこに、宮さまは、アサガオ、エンドウ豆などをご自分で蒔《ま》かれた。

四月八日は入学式、始業式からお帰りになったあと、皇居に行かれ、昭和天皇、現皇太后さま〔香淳皇后〕にご挨拶を申し上げた。そのときに、昭和天皇、現皇太后さまからいただいたお祝いの品は、百科事典であった。この一巻ものの百科事典は、初等科の高学年になられてから、さかんにご自分でお使いになるようになったようである。

当時ほとんどの人が気づかず、私もあえて語らなかったほほえましい話がある。それは、宮さまの制服の秘密である。

入学式の日に、宮さまは新調の制服でお出かけになったが、二日目からのご通学にお召しになっていたのは、じつは、新調のものではなかった。

ご長男の浩宮さまに〝おさがり〟があるとはふしぎなことだと誰しも思うが、この〝おさがり〟は、まことに値打ちもので、陛下が昔初等科にお入りになったときにお召しになったものなのである。

お父さまからの〝おさがり〟は珍しい。お身体にピッタリ合ったというのもウレシイ話だが、私は、皇室のご質素を旨とされる伝統が、ご一家の中に床《ゆか》しく伝えられていることをあらためて実感したのであった。その〝価値ある制服〟は、お手入れがよくてあまり古いものということを感じさせなかったが、しかし、学校でお友だちの新調ずくめの中に入ると、なんとなく色褪《いろあ》せて見えた。もちろん浩宮さまは、そんなことは、すこしも気になさらなかった。その色褪せた制服について皇后さまが、「百三十人もいる生徒の中で、お父さまのお古を着ている子どもはいないでしょうね」とおっしゃったことがある。深いご満足を秘められたそのお言葉は、今でも私の耳に残っている。

話がすこし前後するが、初等科へのご通学を、車にするか徒歩にするかが、事前に検討されたことがあった。遠ければもちろん車ということになるのだが、東宮御所から学習院初等科までは、ゆっくり歩いても十五分とかからない距離なのである。

そこで、はっきり「徒歩にする」とお決めになったのは陛下であった。しかも、交通規制をせず、途中にある横断歩道の信号待ちも一般の人と同じように守っていただくということであった。そういうことが、教育の一環であるというお考えは、幼稚園のときと同じであるが、この場合は、陛下ご自身のご体験にも理由があったのではないかと思う。

陛下は、赤坂離宮内にあった東宮仮御所から学習院へお通いになったのだから、距離的に初等科は目と鼻の先であった。離宮の横の門を出ると、道を横断してまっすぐ学校の通用門へお入りになることができた（この通用門は、おそらく陛下のご通学用に作られたものであろう。いまもあるにはあるが、ふだんは使われていない)。

道をひとつ横断するわずかな時間だけ、陛下は、世間の空気にふれることができた。万事制約の多かった当時だからそのわずかな時間さえも、陛下にとって貴重なものに感じられただろうことは想像に難くない。だからこそ、車の往来も昔とくらべるとはげしくなっており、坂の上り下りがあって排気ガスの量も多いと思われるコースを、あえて徒歩通学にすることを陛下は決められたのだろう。

コースは、東宮御所の門(といっても正門からははじめのうちだけで、間もなく赤坂離宮寄りの鮫《さめ》ヶ橋門《はしもん》を利用することになったが)から表の通りに出て、坂を上り切って左側の初等科正門にお入りになった。

宮さまは正面玄関へおまわりにならず、直接南側のテラスから築山《つきやま》添《ぞ》いに鮫ヶ橋門へ出られた。すこしあとになってからは、その間は自転車でこられて、守衛《しゅえい》詰所に自転車をお預けになることもあった。

私は、学校までお供した。もっとも、毎日私がお供したのは、はじめの一週間ばかりで、あとは他の侍従さんたちと交替であったが……。

学校へのお供といえば、ある日の午後、私が終業の時間に校門のところで宮さまを待っていたときの話である。いつものことだが、終業のベルが鳴ると、百三十人もの同じ制服、制帽の生徒がいっせいに堰《せき》を切ったように正門から飛び出してくる。

その瞬間、私はいつも宮さまを見失う危険にさらされていた。その午後、私はうっかりしていて、宮さまを見失ったのだった。あたりをキョロキョロ探している私にふと、

「浜尾さん」

と背後から声がかかった。見ると宮さまがそこにニコニコと笑って立っておられる。

これではどちらがお供かわからないな、と私は思わず冷や汗をぬぐった。

はじめのころは、両陛下は、「行って参ります」とご挨拶してお出かけになる宮さまを外へ出てお見送りになった。お帰りになる時刻に、皇后さまが、鮫ヶ橋門の近くまでお迎えに出ていらっしゃったことも何度かあった。皇后さまが乗りものにお乗りにならずに、おひとりで門外にお出になることは絶対にないことであるが、そのときは恐らく時刻を合わせて、門のすぐ内側に立ってお待ちになっていたのだ

ろうと思う。宮さまと私が門に近づいたとき、皇后さまがお付きの女官とともにツと門外にお出になり、「ナルちゃんお帰りなさい」と宮さまをお抱きしめになった。私もびっくりしたが、宮さまは、まったく予期しないお母さまの出現に大変なおよろこびようであった。

宮さまには、幼稚園がまず新しい世界であったが、初等科におすすみになって、その新しい世界の先に、さらに未知の部分がいっぱいあったというおどろきを持たれたのではないかと思う。

たとえば、電車の定期券やバスの回数券などは、まことに不思議なものであった。それを持って通学している子ども自身はじめての経験であるから、嬉《うれ》しくて仕方がないのだろうか。紐のついた定期券をひっぱり出してみせたり、回数券の残りの枚数をかぞえたりする。それを見て、宮さまは羨《うらや》ましくてならなかったそうである。

「ボクも、あんなものがほしい」

そう思われたにちがいない。私は、お供をして行っても、学校では、宮さまを集団の中のひとりとして先生におまかせし、下校になるまで控室で待っていた。定期券や回数券の話は、御所と学校の往復での語り合いの中からわかってきたのである。

羨ましいといえば、宮さまが長ぐつをはきたがったことも忘れられない。ご通学がはじまって二週間ほど経ったころのある日、朝からどんより曇って、いまにも雨が降ってきそうな空模様であった。そこで宮さまは、いそいそと黒いコウモリ傘を持ち、「きょうは長ぐつにする」と言い出されたそうである。私はあとでその話を聞いたのであるが、宮さまは、長ぐつがはきたくて、いつ雨が降ってくれるかと、心待ちにしていらしたらしい。

かりに雨になっても、舗装《ほそう》されたわずかな距離の道を歩かれるのに長ぐつはいらないのだが、じつはその十日ほど前の雨の日に、クラスの大部分のお友だちが長ぐつだったのに、宮さまだけがそうでなかったということがあったのである。

〝子どもごころ〟は宮さまとて同じである。私はそういう小さなできごとは、肉体的にも精神的にも、宮さまのご成長を示すものとして記憶にとどめた。

幼いこころで「羨ましい」と感ずることと、他人のものをほしがったり、他人を妬《ねた》んだりすることとは意味がちがう。それは人間としての健全なこころの動きとして私はほほえましく思う。

ほほえましいといえば、もうひとつ、こんなことがあった。

初等科の参観日（毎月一日、十一日、二十一日の三回）に、皇后さまがおいでになった四月十一日。下校になって靴ぬぎ場で「先生、さようなら」と元気よくご挨拶したまではよかったが、宮さまはとつぜん、

「おたたさまといっしょに車で帰りたい」

と言い出された。

皇后さまにはお車が待っていたが、徒歩通学がたてまえだったから、宮さまは私といっしょに歩いて帰られる予定になっていた。しかし、私は、急に「おたたさまといっしょに……」と言われた宮さまのお気持ちが、痛いほどよくわかった。他のお友だちがお母さんたちに迎えられていっしょに連れだって帰る。「ボクも……」と宮さまが思われた幼いこころ。

そういうときに、皇后さまはおやさしかった。

「ではごいっしょに歩いて帰りましょうか」

と、宮さまのお気持ちにあたたかく応《こた》える提案をされたが、それは警護の準備が間に合わず無理だとわかると、ご自分のお車に宮さまをお乗せしてもいいかと私にたずねられた。私は、宮さまのお気持ちがわかると同じように、皇后さまのお気持ちもよくわかったので、考えるところなく、「どうぞ、そうなさっていただきます」と申し上げた。

両陛下は、やさしさときびしさのけじめがはっきりしておられた。そういう点は、人生でほんのすこし〝先輩〟を自認させていただいている私も、頭が下がった。そのけじめのある教育の効果が、初等科へすすまれてからの宮さまにはっきり示されている例は、いくつでもあげることができる。きびしい躾《しつけ》の例として、お食事――とくに偏食をいましめられたこと――については、前にくわしくふれた。初等科で給食がはじまったのは、五月の半ばごろからではなかったかと思う。

小俣先生の話では、この給食で一番困るのは、食べ物について好き嫌いのはげしい子がいるということだった。そこで、学校では、出されたものを全部食べないうちは校庭へ出て遊んではならないというきまりにしてあった。中には、泣く泣く嫌いなニンジンを口に押しこんでいる子もあったそうである。

浩宮さまは、しかし、給食で出されたものは、みんな気持ちよく召しあがった。ついでながら初等科の給食は、主食のパン食（月に一度ぐらいはカレーライスなどのご飯もの）にオカズがつき、それぞれアルミの食器に盛ってあった。

「浜尾さん、ボク大学イモ食べたよ」

とオカズに出された大学イモをめし上がって自慢顔でおっしゃられた記憶がある。

食事の躾でも、もし両陛下にきびしさが足りなかったら、初等科へすすんでから宮さまは、つらい思いをなさったはずである。

きびしさということに関連して、いろいろなことが思い出されてくる。

両陛下は、学校の教育方針を尊重し、完全にそれにしたがうという点では、幼稚園時代と同じであった。幼稚園では早くから「文字を教えないでください」という先生のお話に忠実なあまり、初等科に進んですぐのころは、文字を知っているという点で宮さまは、他のお友達より遅れておられたほどである。もちろん、それはしばらくのことで、間もなく同じラインに並ばれたが……。

そんなわけで、きびしさといっても、学校の勉強よりも先にすすませようという努力や、学校とちがうやり方で群を抜こうという、いわゆる教育パパ・ママ的なところは、すこしもなかった。学校の方針を尊重しながら、家庭でしなければならないこと、あるいは、家庭でしかできないことがあるはずだというのが両陛下のお考えであったし、私もそういうお考えには敬意とともに深く同感するものがあった。

例をあげてみよう。

「他の児童と区別なし」の教育だから、先生は宮さまの一年中組《なかぐみ》四十四人に同時に話しかける。これはあたりまえのことだが、浩宮さまのそれまでのご生活では、ほとんどのことは、宮さまを中心にして動いており、必要なことは、宮さまお一人に向かってお話し申し上げるかたちをとっていた。したがってクラスで先生が四十四人に話していることを、宮さまは「ボクにはカンケイないことだ」という感じでぼんやり聞いておられることもあったらしい。これは、宮さまの、他に例のないお立場からくる感覚のズレであり、すぐにお慣れになったので問題は残さなかったが、ともかくそんなこともあって、最初のころは、忘れ物をなさることがままあった。

そんなとき、お仕えする人の多い東宮御所だし、距離も近いので、お届けすることは雑作もなかった。しかし、両陛下も私も、それをしなかった。先生に言われたことを失念するという失敗をみずから「シマッタ！」と思い、「ハズカシイ」と感じになることが必要だという考え方である。

もうひとつ、チビた鉛筆のことも、私は忘れることができない。浩宮さまは、常時五、六本の鉛筆を筆箱に入れておられた。チビてしまったら正しい持ち方ができないし、それは文字にも影響するので、どんどん新しいものとかえてもいいということになっていた。ただ、そこで皇后さまは、予備をいくらでも用意しておいて自由に使わせるということをなさらなかった。かならずチビた鉛筆を持って行って新しいのとかえるということをはじめにお約束し、それを守っていただいたのである。

学校からお帰りになって一息いれたあと、宿題があってもなくても、三十分か四十分くらい、机の前に座ってお勉強するという習慣は最初からのものだったが、こういうことも、家庭教育にやさしさときびしさのけじめがないとうまくいかないものなのである。

背番号3の浩宮さま

陛下〔現在の上皇陛下〕が、学習院時代、馬術部の主将として、各種の競技に参加されたことは、よく知られている。馬場馬術も障害も一流である。昭和三十九年秋の東京オリンピックで、浩宮さまにとくに馬術をごらんになるようにおすすめになったのも、そのためであったろう。

浩宮さまが、陛下のご指導で馬術をおはじめになったのは、たしか、初等科におすすみになってからであった。〝光朗〟という名の馬に乗っておられた。

ある日、御所のお庭の一隅の芝のない場所——私たちはそこを馬場と呼んでいた——で、濃褐色《のうかっしょく》に光る光朗を走らせる浩宮さまを見上げたとき、私は、「おや？」と思った。前髪が汗ばんだ額に垂れ、遠いところを眺めるお顔がなんともいえず凜々《りり》しいのであった。男のお子さまらしくということをいつも心にかけていた私は、そのとき、たとえようもなく嬉《うれ》しいものがこみあげてくるのを感じた。

その後、ときどき私は、宮さまの〝若武者〟のような美しい表情に接することがあった。浜名湖《はまなこ》で深く潜った水中からパッと出てこられた瞬間とか、御所で皇宮警察の側衛をお相手の剣道の稽古《けいこ》を終わって面を脱がれたときとか……。

私は、浩宮さまのご教育にスポーツがたいそう重要な要因になっていることを、ときどき考えることがあった。

幼稚園時代から初等科まで、宮さまは、テレビやじっさいの観戦でスポーツを楽しまれただけでなく、じつに多方面にわたるスポーツをご自分でなさった。スポーツは体力づくりに役立つだけでなく、精神的な強靭《きょうじん》さを養うために重要である。とくに、陛下は浩宮さまに「足腰の強い子になってほしい」という願いを持っておられた。それは、陛下ご自身がご幼少のころ、足腰の鍛え方が不十分だったということを感じておいでになったからであった。

そのために、お庭の低い鉄棒や木の枝にぶらさがったり、木の切り株や階段を二段か三段飛びおりたりなさることを、陛下は意識してすすめておいでになった。

そういうことが、宮さまの〝スポーツはじめ〟といえるかも知れない。

陛下は、よく浩宮さまとごいっしょにお風呂にお入りになった。そういうチャンスを利用して、きれいな水の中に顔を沈める練習をさせられた。そこらあたりから、すでに水泳の訓練がはじまっていた、といえるだろう。

学習院は伝統的に水泳には力をいれる学校であった。陛下は、中等科時代にすでに小堀流（平泳ぎの一種の古式泳法）で定められた時間内に八キロを泳ぎ切り、一級テストに合格されているはずである。学習院の学生としては八年先輩の私も、かつて同じテストに挑んだが、スピードで点を失い、二級しかとれなかった記憶がある。ともあれ、水泳にかけても実力者であられる陛下が、浩宮さまに水泳を仕こまれようとなさったのは、きわめて自然なことだった。子どもは顔を水につけることが平気になれば、水をこわがることがないということを、陛下はご存じだった。

三歳のころ、お庭のビニール・プールでの水遊びがはじまった。プールといっても、そこは夏以外の季節には砂場に変えるという間に合わせのプールであるが、そこでの水遊びが、宮さまの本格的な水泳につながるのである。

四十四年の夏、初等科四年の宮さまは学習院のプールで行なわれた水泳練習とテストに参加して、四級に合格された。五十メートルのプールを四往復すること、十メートルの潜水ができることが、四級資格の規準であるから、かなりなレベルに達しておられたわけである。翌四十五年の浜名湖の海水浴で浩宮さまは三キロ、一時間半の遠泳に成功された。

さきに乗馬のことにふれておいたが、これも、水泳とともに、とくに陛下が力をいれておいでになるスポーツである。昭和天皇も乗馬を楽しまれたが、当時の日本は大元帥《だいげんすい》として必要だったわけで、スポーツとしての意味は薄かったのではないかと思う。陛下の場合は、学習院初等科六年のときに太平洋戦争が終わっているから、純粋にスポーツとして乗馬を楽しまれる時代になっていた。

乗馬姿は一見ラクそうだが、なかなかたいへんなものである。練習のあと、人も馬も汗びっしょりになっているのを見て、私は、なまやさしいものではないと感じることがしばしばであった。

「練習をしばらく休むと、そのつぎに乗るときはなんとなくこわいような気がする」

と、あるとき浩宮さまが言われたことがある。

馬の胴に足をしっかりと押しつけるために脚力も必要だし、いわゆる人馬一体になるためには、緊張感を持続させなければならない。陛下が浩宮さまに乗馬をおすすめになったのは、そういう意味の鍛練のためもあったろうと私は思う。

乗馬の鍛練によって、どっしりと腰に力が入り、姿勢が正しくなる。姿勢が正しければ物の見方、考え方も大きく深くなる。乗馬は、浩宮さまの人格形成に、大きな役割を果たしたと私は見ている。

それで思い出すのは、バイオリンの久保田良作先生が宮さまに姿勢を正しくと注意されるとき「乗馬のときと同じように」と言われたことである。習うということは、意味をつきつめれば、すべて底流が共通しているのかも知れない。

浩宮さまに両陛下〔現在の上皇上皇后両陛下〕が「足腰の強い子になってほしい」と希望されたのは、お生まれになったとき、どちらかというと、小さなお子さまであったこともあるだろう。

そのための鍛練は、適切であった。中でも浩宮さまと山登りは、体力づくりという意味で、特筆されなければならない。

山登りの計画がたびたびたてられたのは、天皇ご一家が毎年夏に軽井沢へ避暑にお出かけになったからである。そもそも、浩宮さまは、理屈なしに山がお好きで、早くから富士山の標高をおぼえておられたくらいである。また、軽井沢周辺には、手ごろな丘陵や山が多い。それやこれやで、両陛下も私も、体力づくりとともに、山の標高や高山植物や昆虫《こんちゅう》などについて学ぶことのできる山登りを計画したのであった。

ずいぶんといろいろな山に登ったが、いまふりかえって、まっさきに思い出されるのは、昭和四十年の夏のことである。この夏は、山登りがなんと前後十回にも及んでいるのである。離山、小浅間（二回）、石尊山《せきそんざん》、一の字山、愛宕山、押立山、矢ケ崎、鼻曲、八風山。

この年は宮さまはまだ五歳であった。一番標高の高い石尊山は千六百六十八メートルもあるのだから、宮さまの健脚ぶりは、相当なものであった。

石尊山のような高い山は、ほとんど一日がかりであったが、多くは山というより丘に近い高さなので、ほぼ半日くらいのプランだった。皇后さまお手製のお弁当を入れたリュックと水筒を肩に出かけた。両陛下はごいっしょのこともあったし、陛下だけごいっしょのこともあったし、また、私だけがお供することもあった。

　初等科一年か二年のときだったと思うが、浅間山《あさま》へ登ったとき、途中で、先生に引率された女子中学生五十人くらいの一団を追い抜いた。なにしろ、浩宮さまの足は速くて、私は、ついて行くのがやっとの思いである。頂上で小休止して下山して行くと、さきの一団は、まだ八合目あたりを登ってくるところであった。

　このとき私は、宮さまの体力づくりは、しだいに効果をあげつつあることを実感して、心強く思ったものであった。

　同じ山に何度も登った。広大な自然に抱かれて山道を辿《たど》る楽しさは、同じ山を何度登っても変わらない。

　八風山に登ったときのことだ。頂上に辿りつくと、青年男女のグループがいた。元気よく登ってきた少年が浩宮さまだと気づいて、みんなびっくりしていたが、中の一人が代表で、「記念にみんなといっしょに写真に入っていただけませんか」と礼儀正しく申し入れてきた。非公式の場であるし、好感の持てる若者たちだったので、宮さまを中心にみんなで記念撮影をした。宮さまも、報道関係者の前とはちがって気楽にカメラにおさまった。あの青年たちは、いまどうしているだろうか。こういうことは、宮さまにとっても楽しいご体験であるし、あの一枚の記念写真が、宮さまが成長なさったときは、美しい心の架け橋となるかも知れないということを、私は私で思ったりしたのである。

最近の若い人は、体位はいちじるしく向上したが、体力がそれにともなわないということが、よく言われる。浩宮さまは、ご体位は決して大きいほうではないが、体力の面では、同じ年齢の子どもにくらべて、決して負けないものを持っておられた。やっておられるスポーツのすべてがそのために役立っているはずだが、山登りは、とくに有効だったと思われる。

初等科にすすまれてからの浩宮さまのお供をして山登りをすることは、正直なところ、私には、かなりキツかった。遅れてしまった私が「宮さま、小休止しましょう」と、ネをあげたことが何度もあった。宮さまは、「オーちゃん、大丈夫なの」と笑って、呼吸《いき》を切らせて後を追う私を待っておられた。私は、汗をふきながら、これでいいのだと自分に言い聞かせていた。

宮さまとスポーツということになると、野球もスペースを割《さ》くに価《あたい》するだろう。

野球に関心をお持ちになったのは、初等科におすすみになって二年目ごろからだった。水泳、乗馬、山登りなどは、陛下のご直伝《じきでん》ともいえたが、野球だけは、学校のお友だちの影響であった。ふつうならば、野球への興味が一番早く目ざめるのだろうが、浩宮さまの場合、ご環境が、それを遅らせていたと言えるのかも知れない。

学校では、ジャイアンツ〔読売巨人軍〕の話で持ちきりであったらしい。野球は宮さまのほうが先に興味をお持ちになっておられた。注意深い両陛下は、すぐにそれにお気づきになった。

「ナルちゃんも、やってみますか？」

陛下がそう言われ、間もなく御所の庭でキャッチボールがはじまった。陛下がお相手をされたり、私や職員たちがかり出されたりした。

陛下が宮さまに野球をおすすめになったのは、興味を持ったことを体験させるということのほかに、ひとつのお考えがあった。

それまでの浩宮さまのスポーツは、すべて個人プレイのものばかりだった。これは、家の外へ出ればお友だちが集まるというわけにいかないお立場なので仕方のないことであったが……。

野球は、チーム・プレイである。そこに意味があった。もちろん、それだからといって、ナイン〔九人〕のチームを組んでゲームをするなどとお考えになったわけではない。まだそんなことを計画するところまでいっていないし、計画してみても、無理なことである。とりあえず、二人か三人くらいずつ、日曜日にお友だちに遊びにきてもらうことにした。そして、必要に応じて、われわれ職員が人数を補《おぎな》って三角ベースのゲームを楽しむようにした。

そんなふうにして、浩宮さまのご生活に野球という新しい楽しみが加わったのであるが、初等科四年生の秋ごろに、ひとつの問題がおきた。御所に招かれたお友だちは、大いにハリキッて、それぞれにユニホームを用意してきたのである。宮さまは、ユニホームがなかった。

「ボクもユニホームがほしい」

と言われたのは当然である。

私はここで、またひとつなるほどと深く肯《うなず》くことになる。皇后さまは宮さまにこう言われた。

「このつぎのクリスマスまで待ちましょうね」

ユニホームを一着つくることは簡単だったが、皇后さまは、それをなさらなかった。人間は、辛抱すること、待つことも大切だということは、言葉としては、九歳の少年に難しいだろう。しかし、それを教える方法はある。皇后さまは、そうお考えになったにちがいないし、それは成功したと私は思った。二、三カ月辛抱して、その年のクリスマス・プレゼントとして、浩宮さまは、待望のユニホームを手にされた。背番号はジャイアンツの長嶋〔茂雄〕選手に因《ちな》んで、三番であった。

昭和四十二年二月十一日の建国記念日に、東京は大雪に見舞われた。この大雪が、浩宮さまとスキーを結びつけるキッカケをつくった。

御所のお庭には、三笠山と呼んでいる十メートルほどの高さの芝生のスロープがあるが、そこに美しく降り積もった雪をごらんになった陛下は、ご自分の子どものときのスキーをとり出し、埃《ほこり》を払われた。

浩宮さまは、スキーははじめてだったが、山登りで鍛えた足腰のバネはなかなかのもので、一見まことにさっそうたるスキーヤーぶりであった。

そんなことがあったために、その翌年から毎年ご一家で苗場《なえば》のスキー場へ出かけられるようになった。毎回私もお供をしたが、浩宮さまのご上達ぶりはすばらしかった。スキーのように、かなりの運動神経を必要とするものをたちまちマスターされたのは、すでに、他のスポーツで下地ができていたからであろう。

私がリフトで上がって、用心しながら滑り下りてくるまで、宮さまは三往復くらいされた。頭の上に、

「浜尾さーん、ガンバレ！」

という声を聞いて、顔をあげると、宮さまがリフトの上で手を振っておられたこともあった。

私は常に宮さまのお供として行動してきたが、スキー場では、とてもその役目を果たせなかった。なぜなら、宮さまはすぐ、私をおき去りにし、結果として別行動にならざるを得なかったからである。私の手の届かぬところで転倒されることもあり、私はそのたびにおケガでもされてはとヒヤヒヤしたが、一度もそんなことはなかった。私の見るところ、スキー技術は、陛下、宮さま、皇后さまの順である。

なお、冬期スポーツでは、スケートもなかなかお上手である。

四十七年一月六日から十五日までの十日間、宮さまが、学習院の剣道部の寒稽古《かんげいこ》に一日も休まずに通われて、三級にすすまれた。宮さまはその嬉しいニュースを、私にお手紙で知らせてくださった。

寒稽古は朝の五時四十分から約一時間、駆足《かけあし》、体操、素振り、正座のあと面、胴、小手をつけて稽古というスケジュールだそうだが、毎朝となると、かなりの意志力が必要だろう。私は、歯をくいしばっていらっしゃる宮さまのお顔を想像して、遠くから声援を送った。

宮さまが剣道をおはじめになったのは、私が東宮職を退く一年前の四十五年の春ごろ（宮さま、〔初等科〕五年生）からである。

これも野球と同じでお友だちの影響であった。剣道部に入りたいと思われた宮さまが、先生にその旨を申し出ると、「一人ではダメ。友だちを二、三人連れてきたら許可します」と言われたようだ。そこで宮さまは、お友だちを二人勧誘された。

こういう積極性は、もっとお小さいころはあまり感じられなかったものだ。

そんないきさつがあって、入部許可になり、さっそくその夏の合宿にも参加された。

菅平《すがだいら》で行なわれた夏期合宿は、御所にはないタタミの部屋での共同生活というはじめての経験で、これも宮さまにとっては収穫が多かったにちがいない。翌四十六年の一月の寒稽古も皆勤《かいきん》だった。

寒稽古は目白の学習院で行なわれるから、終わったあと、一旦御所にお帰りになってから、あらためて初等科に行かれる。その間、皇后さまも朝四時半ごろにおめざめになってお支度をなさるわけである。

〝少年剣士〟の道も決してラクではないが、いろいろなスポーツで鍛えておられる宮さまだから、有段者として成長されるまで挫《くじ》けることはないだろうと、私は思った。

スポーツについて、陛下は、ご体験に根ざした見識《けんしき》をお持ちだった。たとえば、つぎのようなことである。

――スポーツは、自分でやってみて、ほんとうのよさがわかるものだ。しかし、一方では、一流選手のプレイを見ることも大切だ。どんなスポーツでも、その道で一流といわれるほどの選手は、人間的に一流のものを持っているはずだ。そのプレイを見ることによって、人間として学ぶべきことが多い。

浩宮さまが東京オリンピックで馬術をごらんになったのも、たびたび後楽園の野球にお出かけになったのも、すべて、陛下のそういうお考えによるものであった。札幌の冬季オリンピック〔昭和四十七年〕で、アイスホッケーや〔スキーの〕ジャンプ競技を観戦なさったのも、同じ意味を持っていたにちがいない。

両陛下のお供をして、プレオリンピックを見学したときのことである。陛下は私に「浜尾さん、ナルちゃんにはどのような競技を観《み》せたらよいだろうか」とおっしゃったことがあった。これは宮さまにとって、スポーツとはただ観ればよいというものではなく、いま具体的に何に興味を示されておられるか、そして同時に将来の人間形成にプラスする種目をという深い観点からのご発言であった。

もちろん、スポーツはスポーツとして楽しむべきものであって、いちいち教訓がついてまわったら興味がなくなってしまうだろうが、楽しむという体験のつみ重ねを通じて、心の中に大切なものが刻《きざ》みこまれて行くことを、陛下は期待していらっしゃったのである。

そして、そのことは、文学、美術、音楽などの一流のものに接する機会が多いほど、人間性が豊かになる事情と似ている。

体力づくりは、結局のところ心をつくるということなのであろう。体力があってこそ、両陛下が願っておられる「どのような境遇におかれても強く生きぬく」意志力、気力というものができるのである。その点で、浩宮さまは、まことにすくすくと育っていらっしゃったと私は思う。

はじめての〝ひとり旅〟

浩宮さまは、学習院初等科へ私がお供して歩いて行かれる途中で、じつにいろいろなことを私に話しかけられた。私も、その間は楽しかった。

あるとき、私は、宮さまが、私のお話を理解してくださる度合いが、急に深くなったのを感じた。社会のさまざまなできごとにふれても、ピーンとわかっていただけることが多くなったのである。

なぜそうなったかを私は考えた。ひとつ思いあたることがあった。それは、宮さまが、御所を離れて、社会のいろいろな施設や場所をごらんになることが多くなってきたからであった。

昭和四十二年五月十四日に、七歳の宮さまが、東京都内のデパートに行かれたことは、新聞などでもくわしく報道されたので、おぼえておられる方が多いのではないかと思う。

宮さまは、その日、文具売場でいくつかの学用品をお買いになり、書籍部で怪獣事典をお選びになった。お友だちが持っているのをごらんになっていたのか、それともテレビや雑誌でご存じだったのか、「あっ、怪獣事典があった」と駆けよって、ためらいもせずに三百五十円だったかのその本をご自分でお買いになった。じっさいにお金をご自分の手で渡してお買い物をなさるということは、はじめてのご経験であった。

子どもは、ある年齢に達すると、お母さんといっしょにマーケットに行って、そこからいろいろなことを学ぶことができる。しかし、浩宮さまのご生活の中には、そういう部分がないのである。

将来は皇位を継承なさるお立場にある宮さまが、本で学ばれるだけでなく、肌でじかに社会の仕組みにふれていただくことは、大きな意味を持っている。陛下〔現在の上皇陛下〕の場合は、周囲の事情が、そういうことを許さなかった。陛下はご自分のご幼少時代のことを思われ、また皇后さま〔現在の上皇后陛下〕は、民間のご家庭に育たれたご自分のご体験から、浩宮さまに、「一般のお友だちとわけへだてのない教育を……」と望まれた。宮さまを幼稚園にお入れしたときから、そういう基本方針は、はっきりと打ち出されていたのである。

ところが、幼稚園や初等科のご生活の中に、生活経験の違いが多少ともあらわれることは、やむを得なかった。そのちがいをできるだけすくなくするためには、浩宮さまに、いろいろなことを経験していただくことが必要であった。

お買い物をするときは、自分で品物を選んでお金を払う。電車や汽車に乗るときは、切符を改札に出してハサミを入れてもらう。そういうことは、本にも書いてあるが、生活経験として学ばなければ、ほんとうに身についたものにならないだろう。

私は、必ずしも適当な言葉とは思わないのだが、浩宮さまの〝社会科勉強〟と報道の人たちが呼んでいた、いろいろなかたちのご見学、ご旅行などは、そのような目的ではじめられたものであった。

デパートでのお買い物は、宮さまにとって、はじめてのご経験であったので、かなり印象深かったらしい。

その翌日、宮さまは、気負いこんで登校された。クラスのお友だちに、

「ボク、デパートで怪獣事典を買ったんだよ。自分でお金を払って……」

というふうに、話しかけられたかったのであろう。

しかし、お友だちはみんな、すでにテレビや新聞のニュースでそのことを知っていたので、宮さまが話しかける前に、そのことをたずねてきた。宮さまとしては、ビッグ・ニュースを話してあげようと思ったのに、先を越されたようで、すこし拍子ぬけのご様子だったようだ。そのことを帰る途中で、私は宮さまからうかがった。

テレビ局や新聞社の活動が、ご自分とどういうつながりをもっているか、あるいは、そのようにニュースでとりあげられるご自分のお立場が、特別のものであるなどということを、宮さまはこのあたりから、はっきりと自覚されるようになったのではないかと私は見ている。そのこともまた、宮さまにとっては、社会というものの姿を学ばれるという意味を持っていたわけである。

翌五月には、やはり東京都内の一ツ木商店街〔赤坂一ツ木通り商店街〕を見学な

社会科勉強・街のお店でお買物をご体験（東京・赤坂一ツ木通り）

さった。デパートとちがって街の中には、八百屋《やおや》さん、魚屋さん、理髪店、洋品店など、さまざまな店が並んでおり、付近の人たちが、日常の生活のために必要なものをそこで間に合わせるという姿を見ていただくためであった。

このときも宮さまは、おおいに張り切って行かれた。商店街の端から端まで、店をのぞきこんだり、興味を示される店には入ってみたりなさりながら歩かれた。あらかじめ予定を知らせておくと、店の人たちに気苦労もかけるし、人だかりもあろうかと思い、とつぜん実行されたことであった。

街には数知れないお店があり、それが私たちとの生活に密接につながっているということを、宮さまは、実感としておわかりになったはずである。

街のデパート、商店街のご見学は、この二回だけで終わった。宮さまとしては、将来とも、ご自分で街に出てお買い物をなさることはないだろうから、そうしばしば行かれる必要もなかったのである。

その年（四十二年）は、お買い物のご体験のほかに、それよりもまして忘れられないことがあった。

それは、はじめて両陛下とごいっしょでなく、〃ひとり旅〃をなさったことである。もちろん、私はお供をしたのであるが、わずか七歳の宮さまが両陛下のお側を離れて旅行なさったということは、まさに画期的なことだった。

行き先は浜松。浜名湖周辺をまわってこられた。宮さまが新幹線に乗られたのも、このときが最初であった。

浜名湖の北岸に西気賀《にしきが》というところがある。そこの、ある電鉄会社の保養所が、宮さまのお宿であった。そのお宿を拠点にして、ミカンの選果工場、養鰻場《ようまんじょう》、スッポンの養殖場、楽器工場などを見学された。

どこへ行っても、市民や小学生のみなさんに大歓迎されたが、このときは宮さまは、その人たちの前におひとりで立たれたわけで、

「おもうさまや、おたたさまが教えてくださった挨拶をキチンとしなければ……」

と、ご自分をはげましていらっしゃったにちがいない。

たしかに、それまでの宮さまは、大勢の人の前に立つということに、ある程度慣れてはいらっしゃったのであるが、その場合は、いつも、両陛下のお側であった。浜松旅行では、ご自分が主役であった。私は、いつもお教えしていることをよく守

っていらっしゃる宮さまだから、きっとご立派なプリンスぶりを発揮なさるだろうと信じながらも、しかし、一方では、緊張してお疲れになりはしないかという心配も湧いてきた。

私の心配は取り越し苦労にすぎなかった。宮さまは、物おじせずに歓迎の皆さんにご挨拶し、しかも少年らしさを失わない明るさで、行く先々の人びとを感心させたのである。

宮さまは、この浜松旅行で、精神的に一まわり大きくなられたように私には感じられた。

余談になるが、浜松旅行で、私にも忘れられない思い出を書きしるしておきたい。

西気賀保養所では、一つの部屋に、宮さまと私が枕を並べて寝《やす》んだ。ところが、昼間の各地の見学の興奮がまださめやらぬ宮さまは、なかなかふとんの中にお入りにならないのである。

子どもは、旅行などに出ると興奮するものである。宮さまも、その点は、同じであった。

浜松へはじめての“ひとり旅”

それに、私たちの部屋は日本間だったので、すべてが洋式になっている御所しかご存じない宮さまには、タタミの上にふとんを敷いて寝るということからして珍しいのである。宮さまは、そのころはたしか八時半ごろにお寝みになる習慣になっていたが、その夜は、きまりの時刻が過ぎても、部屋の中を動きまわったり、私に話しかけたりなさって、「こんなに楽しいのに眠るのはモッタイない」といったご様子であった。

私は、しかし、それでは困るのであった。御所では、きめられた日課をキチンと守るという点で両陛下は、きびしく躾《しつ》けておられ、私も「今日だけですよ、明日からちゃんとしましょうね」というふうに、例外を認めるやり方は好ましくないと考えていた。たとえ、ご旅行先でも例外は認めたくなかった。

そこで、私は、一計を案じて、こう申し上げた。

「宮さまがお寝みにならなければ、私は先に失礼しますよ」

宮さまは、いたずらっぽそうな笑顔で、うなずかれた。

やむなく私は、ふとんの中にもぐりこんだ。寝たふりをして宮さまの興奮がさめるのを待った。計画は成功して、間もなく宮さまも私のとなりのふとんに入られた。

ところが、宮さまがその夜のことを皇后さまに報告なさったとき、大笑いになった。

「浜尾さんはね、ボクより先に寝てしまったんだよ」

と言われたので、最初皇后さまがビックリなさったのである。これには、私もおどろいた。宮さまをお守りする責任のある私が、旅先のお宿で、先に寝てしまったとあっては、怠慢のそしりをまぬかれない。私から事情をお話しして、じつは寝たふりをしていただけだということをお解《わか》りねがった。もちろん、宮さまも、そのことを承知でわざとそうおっしゃったのだろう。

これは、はじめての〝ひとり旅〟が、宮さまにとってどんなに楽しかったかを物語っている。

浜松旅行の思い出は、もっとある。

北岸から南岸の海に近いほうの弁天島《べんてんじま》にある養鰻場へ、湖を横切ってモーター・ボートで行くことになった。ところが、あいにくと、途中の湖上で宮さまがお乗りになったモーター・ボートがエンストをおこしてエンジンがかからなくなってしまった。静岡県庁の方は、ご案内の責任者として、こちらが申しわけないほど恐縮し、結局、警察の船に移っていただくことになった。

私は私で、宮さまが不安をお感じになってはいけないと思ったが、なんと、宮さまはかえって大喜びなのである。喜ばれた理由はこうであった。

「故障をおこしたおかげで、ボート二隻に乗れたネ！」

養鰻場では、ヌルヌルしたのを一生懸命につかもうとなさるが、うまくいかずに何度も試みては、周囲の人を笑わせた。

「浜尾さんもやってみたら？」

と、いたずらっぽくすすめられたのには、閉口した。

こういうユーモアのある楽しい場面がつぎつぎに展開されたが、これは、宮さまが御所の外の世界に直接おふれになって、そこの空気におなれになることで、心のゆとりが生まれたからであり、そのことは、やはり深い意味を持っていると私は思ったのであった。

浩宮さまの〝社会科勉強〟は、回数としてもかなり多く、ご体験も多方面にわたっている。

軽井沢の農家訪問は、デパートのお買い物よりも前だったと思う。その後行かれたところを思い出すままに記してみると、サーカス、音楽会、美術展、科学博物館、科学技術館、交通博物館、天文台、東京タワー、船舶《せんぱく》技術研究所、自動車工場、横浜港、信州のオモチャ工場、木工所、製糸工場など、まことに多彩である。もっとお小さいころに陛下がお連れした武道館での国際武道大会や、初等科へおすみになってから、お好きになったプロ野球の見物なども、お楽しみであると同時に〝社会科勉強〟の意味もあったと考えていいだろう。

このいわゆる〝社会科勉強〟のスケジュールの決め方には、両陛下と私とが考えたことと、宮さまご自身が興味を持たれたことの両面があった。

たとえば、世界的に一流のメンバーの音楽会や名画展があれば、両陛下からおすすめになるし、宮さまがテレビでプロ野球に熱中なされば、ホンモノをお見せしようということになった。浜松への〝ひとり旅〟の計画には、いろいろな施設の見学のほかに、興味をもっておられる乗物（新幹線）にお乗りになるということや、お好きな山の王様である富士山を近くで眺《なが》めるということや、訪問先での子どもたちとの交歓《こうかん》など、いろいろな意味があったわけである。

両陛下のお考えは、「文化的なことにしても、スポーツにしても、自然の風景にしても、一流のホンモノに直接ふれることに意味がある」ということであった。

その場合は、浅くてもいいからできるだけ幅広く、さまざまなものを、じかにごらんになったほうがいい。深く探究なさることは、ご成長とともにおのずからきまってくるわけだから、〝社会科勉強〟としては、できるだけ多くのものをごらんになり、体験なさることが望ましい。

そういうことをつづけているうちに、自然のものが育ってゆく過程、人間がものをつくる知恵と技術、平和な社会を保つための約束や、その仕組みなどについて、知らず知らずのうちに知識を蓄えることができるにちがいない……。

私が、宮さまの〝社会科勉強〟のスケジュールについて両陛下にご相談しながら、あるひとつのことについて、強い感銘を受けた。それは、陛下が、ときどきこういうふうに言われたことである。

「自分のときは思うようにできなかったが、ナルちゃんには経験させてあげたい」

教育ということは、一種の知的作業にはちがいないが、心と心が通っていなければ成功しないと、私は思う。いまは物質的には豊かになっていて、教育を経済的な面から見た場合、かなり、レベルがあがってきている。そうなると、充分な条件をそろえてあげるだけで安心して、心というものを忘れる傾向が強くなるのではないだろうか。

私は陛下のお言葉に美しい〝親ごころ〟を感じて、胸が熱くなるのをおぼえたものであった。

美智子さまは、浩宮さまを浜松へ旅立たせたときは、かなり心配なさったと、あとでうかがった。

「慣れないことなので、途中で疲れはしないだろうか」

「歓迎の人や工場案内の方たちに、ご挨拶がキチンとできるだろうか」

子どもをはじめての旅に出すお母さんの気持ちは、すべて同じであろう。

宮さまは、旅先から、しばしば皇后さまにお電話をされた。これは、皇后さまと宮さまの間にそういうお約束が交《か》わされていたからであるが、私はふと、陛下がよくご学友《がくゆう》と電話の長話をされたこと、また両陛下のご婚約時代に、電話が大きな役割を果たしたことなどを思い出して、ほほえましく思ったものであった。

浜松旅行は、県のほうで二日間のことを解説つきの映画におさめ、両陛下にさしあげた。それを映写してごらんになった皇后さまは、宮さまが、ふだんお教えしているように、礼儀正しいメリハリのきいた行動をとっておられるので、たいそう喜ばれた。毎週水曜日は、ご一家が昭和天皇、皇太后さま〔香淳皇后〕をご訪問し、夕食をともにされるならわしになっているが、その日、皇后さまは、浜松旅行のフィルムをお持ちになって、昭和天皇、皇太后さまにも見ていただいたということである。

〝社会科勉強〟によって、宮さまは、行動にしだいに積極性を増したと思う。それは、宮さまのご自覚を高めたと同時に、両陛下に、ご教育の成果を確信させる役目を果たしたといえるのではないだろうか。

私は、旅行先では、浩宮さまに、かならず感想をおまとめになるようにおすすめした。学校の先生に提出するのではなく、両陛下に読んでいただくためのものである。

宮さまは面倒がらずに、マメにお書きになった。両陛下がお喜びになるからでもあるが、すべてをキチンとする習慣が身についていらっしゃるからこそできたことである。

自分の経験について、かんたんにでもいいから、感想あるいは記録をまとめておくことは、いろいろな面で役に立つ。たとえば、神社、仏閣などを見学するとき、案内の人の説明を聞いている間は、一応わかったような気でいるが、記録などをしてまとめる段になると、あやふやになってくる。そこでもう一度本を調べる。こうすることによって、経験と知識がしっかりと、自分の中に残るのである。

宮さま個人のために東宮《とうぐう》御所というご家庭でおたてになる〝社会科勉強〟のほかに、学校での行事やクラブ活動なども、大切な役割を果たすだろう。

剣道部にお入りになった宮さまが、さっそく寒稽古や沼津の臨海学校に参加なさったことは前にもふれた。そういう場合、宮さまは、特別扱いされることなく、先生や先輩の厳しい指導を受けられる。食事も同じなら、夜お寝みになるときも、大部屋での雑魚寝《ざこね》である。

また初等科の卒業前の修学旅行は、福島方面だったが、旅館の扱いも宮さまは、〝その他大勢〟の中の一人である。

こういう経験は、東宮御所のご生活の中ではまったく味わえないものであり、宮さまご自身としても、きっと、ある種の楽しさを感じていらっしゃるにちがいない。その集団生活の中から、先生の言葉からではなく、人間として学ぶべきものを吸収して行かれるのである。

自然のすばらしさにふれる、施設を見学される、などということのほかに、お友だちとの交友によって、人間にふれるということも、ご経験としての意味があるだろう。

浩宮さまが、御所の外のお友だちにはじめて接したのは、生後一年三カ月目くらいのころであった。NHKの赤ちゃんコンクールに入賞した赤ちゃんたちが御所を訪問したのがそれであった。もちろん、宮さまはおぼえていらっしゃらない。

お友だちの集団との接触は、幼稚園からはじまるといっていい。子どもの心の成長にお友だちが大切な働きをするということでは、宮さまは、お立場上充分に恵まれていらっしゃるとはいえなかった。これはやむを得ないことであったが、それだけに、両陛下は、幼稚園からはじまる教育コースで、宮さまを特別扱いにしないやり方というものを強く望まれたのであった。

ただ、これは異例のことであり、私としては光栄なことであるが、私の長男の昇が、幼稚園で宮さまより一年上の組、四女美恵子が宮さまと同じ組だったのと、私が御所の中の官舎に住んでいたのとで、私の子どもたちとはよく遊んでくださった。

とつぜん自転車でおいでになることもあった。ある日、はじめて居間の炬燵《こたつ》でトランプあそびをなさったが、炬燵がめずらしく、いろいろと質問しておられた。そして、御所にお帰りになって、皇后さまに、

「浜尾さんの家にはコタツというものがあってあたたかいよ」

と、重大なニュースのように報告なさったそうである。こういうことも、経験のうちといえるのかも知れない。

特別のご学友はつくらないというのが、両陛下の最初からの方針であった。学校では、みんなと仲よく集団の秩序を保ちながらおつきあいし、御所では、野球のお友だちを呼んで遊ばれるというふうに、あまり規則《きそく》をつくらない自由なやり方であ

った。

それでも気のあうお友だちというものはできるだろうし、それが自然なので、両陛下も私も、意識して選ぶということと同時に、宮さまのご希望におまかせするという方法をとった。

お友だちからの影響は、大きい。野球や剣道がお好きになったのは、あきらかにお友だちの感化である。それはそれとして、自由に経験させるという考えで、プロ野球の見学も〃社会科勉強〃のひとつとして実行されたのである。

子どもの世界は清純だが、ときには、おとなをハッとさせるような、〃困った現象〃がないわけではない。そのひとつで私が忘れられないのは、流行語である。

ある日、宮さまがとつぜん「やったぜ、ベイビー！」と叫ばれた。それを聞かれた皇后さまには、意味がわからない。

「それは、どういう意味？」

とおたずねになったが、もちろん、これはおとなでも説明がしにくい言葉であるから、あいまいなままで終わったらしい。私はそのことをあとで耳にして、ヒヤッとした。というのは、私自身が家庭で男の子の真似をして、その言葉を口走ることがあったからである。

流行語の問題はテレビという情報源から子どもの世界にひろがるらしい。いろいろ取り沙汰されているが、私はそれを禁止する努力はあまり効果がないような気がする。家庭でいい言葉をしっかりと教え、軽い気分で面白い言葉を使うのは、時と場合を心得なければならないことを教えることが大切なのである。宮さまに対して、両陛下も私も、その点ではごく寛大であった。

お友だちとのつきあいという経験を通して、人間と人間とのいたわりあいを実感することは、その人の人生を豊かにする。

浩宮さまが、お友だちへのやさしい心づかいをこまやかにお見せになるということは、担任の先生から聞かされていたが、四十六年の冬に、こんなことがあった。同じクラスのH君という子が病気で亡くなった。宮さまは、お友だちを失った悲しみを、ちょうどプレオリンピックで札幌に行っておられた皇后さまに電話で伝えられた。

「ボク、なにかしてあげられないかしら？」

と、宮さまは、電話で言われたそうである。皇后さまは、

「浜尾さんに相談して、お花をお届けしたらどうですか？」

とおっしゃった。私は、さっそく花束を用意してH君の家を訪《たず》ねた。そして、霊《れい》前《ぜん》に宮さまのお気持ちをお伝えした。

さまざまな体験——自然とのふれ合い、人とのふれ合い、そして人間のつくった文化とのふれ合いのすべてによって、ひとつの魂《たましい》は、なにものにもかえがたいそれ自身の価値を生み出して行く。浩宮さまのいままでの〝社会科勉強〟は、いま目に見えていなくても、かならず豊かな実を結んでくれるにちがいないと確信したのだった。

お母さまとしての美智子さま

私は、浩宮さまのご教育について、私の経験した範囲で思い出を語ってきた。長い期間にわたっていることなので、あのときこのときと、思いを馳《は》せていると、頭の中に浮かびあがる何分の一も語り得なかったというもどかしさを感ずる。語り得たと思ったことですら、ひとつひとつの思い出には、さまざまな言葉にならない感慨が揺曳《ようえい》している。

しかし、そのような個人的な感慨はともかくとして、浩宮さまのご教育ということには、なにか特別のやり方があったわけではないということを語るのに、私は意を用いたつもりだった。

それは、両陛下〔現在の上皇上皇后両陛下〕が、宮さまを幼稚園にお入れになるときから、「他のお友だちとすべて同じように」という、強いご希望を持っておられたからである。

私は、両陛下のそのようなお考えに深く感銘し、そのご希望に添うように努力することが、私の務めだと自分に言いきかせつづけてきた。

ただ、そうはいっても、東宮御所というひとつの〝ご家庭〟が、私たちの家庭とまったく同じであるというのは、間違っている。そこは、あくまでも、特別なお方の御所であり、両陛下のお考えはお考えとして貫かれながらも、現象面では、ふつうの家庭と異なる部分が、すくなからずあった。

そういう〝ご家庭〟の中で、両陛下と浩宮さま——つまりご両親とお子さま——は、どのようなかたちで心のふれ合いを持たれていただろうか。ご両親は、毎日のご生活の中で、どんな場合にどんなふうにお子さまを指導されたであろうか。

スキンシップという言葉がある。親と子の肌のふれ合いによってこまやかな愛情を育て、豊かな人間に育つための指導が行なわれるというわけである。

何かの調査報告で、同じ屋根の下に住む親子の間でも、対話やあそびによる接触時間は意外にすくないものだということを読んだことがあるが、両陛下と浩宮さまの場合も、それは、多くはなかった。

原因は、はっきりしていた。両陛下には、ご公務というものがあるからである。ご公務は、平たくいえば、お仕事であり、陛下おひとりに限れば、一家のご主人が仕事に打ちこむのは当然のことだといえそうだが、じつは、かならずしも、そうではない。一般の会社員の仕事とくらべて、おどろくほどご公務は多く、プライベートなお時間は、まことにわずかなものなのである。

さらにもっと大きな相違点は、陛下だけでなく皇后さまも、多くのご公務をお持ちになっていらっしゃることだ。両陛下がごいっしょになさるご公務もあれば、それぞれ別になさることもある。ふつうの家庭では、夫が異常に忙しい仕事を持っていても、妻が家庭をしっかり守るということでバランスが保たれ、だから、子どもの家庭教育も、お母さんを中心にして運ばれるという場合が多いのではないだろうか。その点で、皇后さまは、かなり重い荷物を背負っていらっしゃるということができるだろう。

しかし、皇后さまは、そのような特別なお立場にありながら、お母さまとしてのお役目は、完全に果たしていらっしゃるのである。これは、なまやさしいことではない。

あらためていうまでもなく、浩宮さまのご教育をお手伝いする者として、私や他の侍従《じじゅう》がいたわけだが、それだからといって、美智子さまにはまかせっきりになさるというお考えはなかった。お母さまとしての役目は、ぜったいに他の誰かが代われない部分を持っているはずだからである。

宮さまの生活時間で、一番接触の多いのは、私だった。私は、自分の五人の子どもたちといっしょにいる時間よりも、浩宮さまとごいっしょにいることのほうが多かった。余談だが、私の長男の昇は、ときどき、

「パパは、お父さんじゃなく、〝浜尾侍従〟だからな」

と、言うことがあった。そういうさめた言葉に、むしろ私への理解があったと私は信じているが、私の父親としての接触時間が足りない部分を補《おぎな》ってくれたのは妻である。

美智子さまは、ご公務のために、その補いをつける十分な時間をお持ちにならなかった。

しかし、皇后さまは、そのすくない接触時間を、質的に密度を高める努力をして

いらっしゃった。スキンシップということは、かならずしも、親と子がベッタリくっついているということを意味しないし、物理的な時間がすくなくても、密度を濃くすることによって、親としての役割は十分に果たせるはずだというのが美智子さまのお考えであった。そして私が拝見したところでは、美智子さまのそのお考えは、完全に正しいということが証明されているのである。

美智子さまは、頭が下がるほど完全なお母さまであった。

美智子さまは、浩宮さまとごいっしょの時間の多い私から、いろいろな報告を聞かれるチャンスを、努力しておつくりになった。

宮さまを前にしてお話しするのはいけないこともあるので、それは、多くは、宮さまが、学習院へ登校されている間のことになった。もちろん、ご公務の間を縫《ぬ》っての時間を利用することになる。

私は私で、両陛下にお話ししたいことを山ほどかかえていた。宮さまのことについて、ご報告したり、ご相談したりするのは何曜日の何時と決まっていたわけではない。私のほうからご都合をお伺いして、適当な時間をいただくこともあったが、そうでなくても、美智子さまが私をお呼びになるのだった。

「直接私の眼が届かないことが多いのが残念ですが、浜尾さんから、できるだけこまかくお話を伺って、いつどんなことがあったか、あるいは、いままでにないことで気がついたことなどを、くわしく知っておきたいと思います」

というふうに、美智子さまは、言われた。

だから、美智子さまと宮さまのコミュニケーションは、じつにこまやかだった。宮さまが学習院から「ただいま」とお帰りになるとき、美智子さまがご公務なら、すぐお顔を合わせてご挨拶することができない。これは、宮さまにとってはお淋しいことのように、はたからは見えたかも知れない。事実、宮さまはお淋しいとお感じになったこともあるかも知れないが、それは、家庭での教育としてマイナスになるようなことではなかった。

ひとつには、宮さまご自身が、ご両親がいらっしゃらないことに赤ちゃん時代から慣れておいでになったこともある。しかし、それよりも、美智子さまが、そんなことくらいでは淋しさをお感じにならないように、他の部分で十分の補いをつけていらっしゃったことのほうを、私は重く見たい。

生後七カ月目の宮さまを残して、はじめて両陛下が昭和天皇のご名代《みようだい》としてアメリカ旅行をなさったとき、皇后さまが、ご自分でテープに吹きこまれた子守唄を用意されたことは、単なる思いつきではなくて、ご公務のある皇后さまが、そのご公務を果たしながら、お母さまとしても完全でありたいと願われたお心を示すものだった。

幼い宮さまがベッドにお入りになるとき童話を読んでお聞かせする皇后さま、専用のキッチンで宮さまのためにお弁当づくりをしていらっしゃる皇后さま。お母さまとして当然のことと言ってしまえばそれまでだが、皇后さまのお立場では、そういうお母さまとしての時間をつくることも困難な日が多かったことを私は知っている。

ところで、ご公務とは、どんな内容を持っているのだろうか。それを知らなければ、両陛下のお忙しさを理解することはできないので、〝ご家庭〟としてのあれこれにお話をすすめる前に、ご公務についてふれておこう。

ある年の両陛下〔現在の上皇上皇后両陛下〕の公式スケジュールは次のようなもの

である。

各国大公使ご引見《いんけん》（両陛下・二十回）、各国貴賓ご引見（両陛下・三十七人、陛下・九人、皇后さま・二十八人）、各国王族公賓《こうひん》とのご会食（両陛下・八回、陛下・五回）、保母さん、僻地《へきち》教員・県代表青年等との懇談《こんだん》（両陛下・二十一回三百二十六人、陛下・七回二百六十三人、皇后さま・四回百一人）、青少年層の御所訪問に対するご会《え》釈《しゃく》（両陛下・二回百五十九人、陛下・二回二百四十人）、式典・集会・国際会議（両陛下・二十四回、陛下・三回、皇后さま・三回）、社会福祉施設ご訪問（両陛下・十九カ所、陛下・四カ所、皇后さま・二カ所）、産業土木施設等のご見学（両陛下・二十カ所、陛下・十六カ所、皇后さま・二カ所）、文化教育研究施設ご見学（両陛下・十四カ所、陛下・十六カ所）、熱田神宮・原爆慰霊碑等参拝（両陛下・四カ所、陛下・一カ所）、スポーツ・音楽会・チャリティショーなどへのご臨席《りんせき》（両陛下・十二回、陛下・二回、皇后さま・二回）、展覧会・催し物等（両陛下・十回、陛下・七回、皇后さま・三回）、公式地方ご旅行（両陛下・七回、陛下・二回）。

これらは、国民の象徴としての皇室を代表されるお立場からのお務めであり、これらのことを通して、日本の現状を理解され、国民との親愛感を深められるという意味で重要である。

両陛下のお近くにいて、私は、これらのスケジュールは、じつは氷山の一角にすぎないことを、教えられた。たとえば、どこか社会施設を見学なさるという計画が決まると、両陛下は、それについての参考文献をお調べになったり、必要に応じて専門の講師を御所に招いて話をお聞きになる。また、内外の貴顕《きけん》が御所をご訪問するときは、かならず、その人についての予備知識を蓄えるためのお勉強をなさる。このように、表面にあらわれない部分でのご努力をふくめると、発表された公式スケジュールの何倍もの時間を、ご公務にあてていらっしゃるということができるだろう。

それから、もうひとつ、両陛下には、毎日、ご進講《しんこう》という時間がある。専門の講師を招いて、歴史、芸術、経済、科学、社会福祉、国際問題、語学などについてのお勉強をなさるのが、ご進講である。もちろん両陛下とも、最高の教育を受けていらっしゃるし、日常の読書、ご見聞《けんぶん》はますます広くなっておられるけれども、吸収すべき知識は、無尽蔵《むじんぞう》といってもよく、また目ざましい科学技術の進歩についての理解を持たれるためにも、ご進講は、ずっと続けられなければならない。このご進講の時間もまたご公務である。そして、皇后さまは、これらのご公務を消化するために、ふつうの家庭なら家事をすませて、子どもの相手をするような時間をあてなければならないことが多い。

公式スケジュールがきびしいので、両陛下は、浩宮さまをはじめとするお子さまたちとのプライベートな時間づくりに、努力をなさった。前に一例としてあげた〝ご動静〟と同じ年の、ご一家のプライベートなご旅行は、つぎの通りである。

葉山《はやま》御用邸附属邸ご滞在（一週間）、新潟県苗場スキー場（陛下と浩宮さま、五日間）、那須《なす》御用邸附属邸ご滞在（三日間）、軽井沢のプリンスホテルご滞在（二十日間）、浜名湖海水浴（四日間）。

ご公務の合間を縫《ぬ》うようにして、これだけのプライベートなご計画をおたてになるのには、かなりのご努力が必要だった。

それでも、昼間のひととき、美智子さまが、ご公務から解放されて、お母さまとしての安らぎの中にいらっしゃるお姿を、お見かけすることは、ときどきあった。

御所のお庭の白樺の木のあたりで美智子さまが編物をなさり、そのまわりで浩宮さまが——後に礼宮《あやのみや》さま、紀宮《のりのみや》さまが加わって——遊んでいらっしゃるお姿を遠くからお見かけするとき、私は一幅の絵のように美しいと思うと同時に、美智子さまと宮さまたちの心と心がすばらしい音楽を奏でているように感じたものであった。

陛下も加わったご一家団らんは、やはりご夕食からあとの二時間くらいであろう。その時間も、公式の晩さん会などで両陛下がいらっしゃらないことも多かったが、御所にいらっしゃる限りは、お子さまを中心とした時間として過ごされていた。私は、せめてその時間は、侍従室《じじゅうしつ》のほうへさがって、ご家族だけの雰囲気をお邪魔しないようにしていたが、それでもときどき、ゲームのお相手などにお呼びいただいたりすることはあった。そんな折りに拝見したところでは、テレビ番組の選択なども、浩宮さまにおまかせして、両陛下がつきあってさしあげるというふうにしていらっしゃるようであった。

テレビのほかには、トランプのゲーム、レコード音楽の鑑賞、陛下のチェロ、美智子さまのピアノとハープ、浩宮さまのバイオリンによる合奏など。ふつうお夕食は六時半ごろだが、そのあとお子さまたちがベッドにお入りになる八時半ごろまでの約二時間は、たちまち過ぎてしまう。短いが、お子さまにとっては、貴重な時間であった。

学校のお勉強は、先生の指導にまかせて、全面的に学校の方針に従うというのが両陛下の基本方針であったことは、前にもふれた通りである。

しかし、家庭での学習的なことには、躾《しつけ》と並行して独自のお考えをもって、いろいろな指導をなさり、私も側面からご協力した。

家庭での学習的な指導は、学校での学習を直接補うという意味を持っているわけではないが、知的発育のために大切なはたらきをする。美智子さまは、学習院初等科へお進みになるまで、浩宮さまに文字をお教えにならなかった。それは、幼稚園の先生のお話をそのまま守られたからで、私も、それに従って、とくにお教えすることはなかった。しかし、初等科で文字をつぎつぎに覚えられてから、みるみるうちに、宮さまは読書力を身につけられた。最近の子どもは読書力がないということがよく問題になる。テレビなどの映像文化の普及で、読む努力をしなくなったからだといわれるが、浩宮さまもテレビはけっこうごらんになるほうであった。それにもかかわらず、読書力がおありになるのは、お小さいときから、美智子さまが本を読んでおあげになって、本というものに親しみを持っていらっしゃったからではないか、と私は思う。また、美智子さまは文学的なもの、陛下は、ずっと続けておられる魚類の研究に見られるような学究的なものがお好きで、居間に寛いでおられるときも、本を愛する雰囲気がある。そういうことが、お子さまに影響しないはずはない。

家庭教育というものは、「こうしなさい」というかたちの指導だけでなく、両親の生活態度そのものの中にあるということを、私は両陛下のお近くにいて、あらためて感じたのであった。

そのように本を愛するご生活が、『論語』の素読、『奥の細道』『万葉集』などの読解など、小学生としては、かなり高い学習へおすすみになることを可能にした。とくに、私が退官したころからのご進境《しんきょう》は目ざましいものがあり、『平家物語』『藤村詩集』を読まれる一方では、高村光太郎の詩集をひもとかれたりなさっていたそうである。

読書は、言葉や文字を豊富に身につけることだけでなく、それらについての感覚を磨くという点で、人格形成にはきわめて重要であることはいうまでもない。初等科の修学旅行で詠まれたつぎの一首は、宮さまのすぐれた感受性と、表現力の水準の高さを、よく伝えている。

残雪《ざんせつ》はあだたら山かばんだいか夕やみせまるひばら湖の岸

この歌は、宮内庁職員展への出品作として、作者名を伏せて選《せん》を受け、優秀作として選ばれたという。

表現力とも関連するが、宮さまは、両陛下が旅行にお出かけになったときとか、ご自分が私をお供に旅行なさるときに、両陛下によくお手紙をお書きになった。後には電話が多くなって、一日に一回はかならずダイヤルをまわされたが、お手紙も、美智子さまがおすすめになったことであり、そこには、学習的な意味とともに、親と子のコミュニケーションを考えられた深いご配慮がこめられているのだろう。

昭和四十五年（宮さまは〔初等科〕五年生）、長崎県の夏季国体に両陛下がお出ましになったとき、〔長崎県〕諫早《いさはや》市のお宿舎に宮さまはお手紙をお出しになった。

「九月六日、ナルヒト

おとうさま、おかあさま、お元気ですか、僕も元気です。今日から僕たちは二学期が始まりました。九州はいいところですか？　きのう庭の僕の作ったプールのペンキ塗りがかんせいしました。そして今日水を入れて、水がもるかどうかたしかめています。プールの後ろに土で作った山を作りました。

浜尾さんから、アポロ十一号のことについて写真を見ながら説明を聞きました。

ごきげんよう」

　このお手紙のアポロ十一号で思い出したが、私がお供して学習院初等科へ歩いて通われる道すがら、よく天文や人工衛星のお話をしたものであった。宮さまの本棚に、天文に関する本が並ぶようになったのも、そのためである。

　読書のほかに、家庭教育としては、書道、英語、世界史、和歌などの学習もあげておかなければならない。これは、学校での学習を助けるという意味ではなく、将来は当然皇位をお継ぎになるお方として、知性を磨かれるための準備である。

　中学にすすまれたら、サークル活動もいままでよりさかんだろう。剣道、馬術、野球、水泳などのスポーツにおはげみになる一方で、文化部でのご活躍も、幅を広げてゆくにちがいない。ご家庭でのご教育が、単なる才気としてではなく、宮さまの人間性の豊かさとして、香《かぐわ》しく花開くことを予想するのは楽しいことである。

美智子さまは、あるとき、浩宮さまへの愛情をつぎのようなお歌に託《たく》されたことがあった。

あづかれる宝にも似てあるときは吾子《わこ》ながらかひな畏《おそ》れつつ抱《いだ》く

浩宮さまは、両陛下のお子さまでありながら、同時に、将来は皇位を継がれる特別なお方である。美智子さまとしては、お母さまとしての個人的心情とともに、国民の象徴となられるお方をさずけられ、このご養育を託されているのだという崇高《すうこう》な責任感のようなものを自覚されたにちがいない。

その意味では、浩宮さまのご養育は、両陛下にとって、私事であると同時に、ご公務であり、しかも、もっとも重要なご公務のひとつといっていいのではないかと私は思う。

美智子さまのお歌は、さり気ないお言葉で、きわめて重大なご決意が秘められている。そのご決意は、日常のお言葉にあらためて出ることはないが、ご家庭で宮さまのご教育をなさるすべてのことの底をしずかに流れているように、私には思われた。

三人きょうだいの兄

私は、五人の子どもがいるので実感としてわかるが、きょうだいというものは、どこかが似ていてどこかがちがっていて、親にとってはじつに楽しいものである。その意味でいうと、今上天皇〔現在の上皇陛下〕のお子さまたちはお三人であるから、両陛下〔現在の上皇上皇后両陛下〕のお楽しみは一段と深くなっている。お三人とも、それぞれ個性《こせい》的で、私は、ほほえましい思い出を数多く持っている。

両陛下は、三人三様の個性を暖かく見守りながら、ご教育という点で、こまやかな配慮をしていらっしゃるわけである。

浩宮さまのご教育を担当した私は、弟君の礼宮《あやのみや》さまがお生まれになると同時に、きわめて自然な成り行きで、ご兄弟二人のお世話をさせていただくことになった。

陛下のごきょうだいの場合は、それぞれに女官や侍従《じじゅう》（当時は傅育《ふいく》官といった）

がちがい、しかもお一人に何人もお仕えしたとうかがっている。両陛下は、浩宮さまがお生まれになったとき、「男の子は男の人が教育を担当したほうがいいと思う」とおっしゃった。そして礼宮さまのときは、「兄弟いっしょに見てもらったほうがいい」とも、おっしゃった。ということは、女のお子さまであられる紀宮《のりのみや》さまは——まだこのときはお小さかったのではっきりきまっていなかったが——いずれは、女性の方が教育のほうを担当することになるということかも知れないとそのとき思った。

また今上天皇のごきょうだいの場合は、お育ちになった場所も、別々になっていた。陛下は東宮仮御所（東京・渋谷《しぶや》常盤松、現在常陸宮《ひたちのみや》さまの住んでいらっしゃるところで、一時小金井に疎開）、常陸宮さま（当時、義宮《よしのみや》さま）は皇居内の義宮御殿、他の内親王さま方は、すべて皇居内の呉竹寮《くれたけりょう》というふうに分散しておられた。

その点、浩宮さま、礼宮さま、紀宮さまは、お三人そろって、東宮御所の同じ屋根の下で育っていらっしゃるのだから、雰囲気もおのずからちがうわけである。

礼宮さまがお生まれになるすこし前のころからの浩宮さまのご期待は、相当なものであった。当時（昭和四十年十一月）、浩宮さまは学習院幼稚園の年長組であった。毎日私は自動車でお供をしたのだが、そっと秘密を打ち明けるように「ボク、お兄ちゃまになるんだよ」と言われたのも、その車の中でだった。

皇后さまが、お喜びを宮さまにわけられるお気持ちで話されたにちがいない、と私は想像した。

「お兄ちゃまになる！」

よろこびの感情がひびいているようなそのお言葉は、しばらくの間私の耳から消えなかった。「オーちゃんには何でもお話しする」というお約束を交わしていたので、ご通園の車の中は、打ち明け話の楽しみもあるひとときだったが、あの「ボク、お兄ちゃまになるんだよ」というビッグ・ニュースは一番印象的なものであった。

礼宮さまが一歳半になられた四十二年五月九日に、両陛下は、ブラジル、メキシコご訪問旅行に出発された。

そのご出発を、浩宮さまと礼宮さまはそろって、御所の正面玄関でお見送りした。そのとき、小さなハプニングがあった。

礼宮さまがお車にお乗りになろうとした皇后さまのあとを、ワッと泣きながら追おうとされたのである。元気のいい泣き声にまわりにいた人たちがふり向いたとき、礼宮さまは浩宮さまにうしろから抱きすくめられていた。礼宮さまは、あたりはばからず大きなお声でお泣きになる。浩宮さまは、もうかなりの重さになられた礼宮さまを、力いっぱいひきとめながら、「泣いてはいけないよ」と言っておられるような表情であった。

お母さまとしての皇后さまは、そのままお車を発車させるのは、さぞお心残りだったろうが、公式スケジュールを大きく乱すわけにはいかない。両陛下のお車は、そのまま出発した。

私は、皇后さまのお心を思うと同時に、浩宮さまのお兄ちゃまぶりに、感動した。ほんとうは、浩宮さまご自身が後を追いたいお気持ちだったろう。それなのに、礼宮さまが泣き出されると、ご自分のお気持ちは抑え、歯をくいしばって——私にはそう見えた——とっさに弟君をなだめる役目を買って出られたのである。

ほんとうに、健気《けなげ》なお兄ちゃまぶりであった。私は、騒ぐとかえっていけないと思って冷静さを装っていたが、内心では、浩宮さまを抱きしめてさしあげたかった。すこし離れてお見送りをしていた学習院の先生方の中に、そっと目頭《めがしら》をおさえる方が見えたのを、私は、いまもはっきり覚えている。

礼宮さまは、すぐ機嫌をとり戻された。そこが、いかにも礼宮さまらしいところであった。

夏にご一家で軽井沢に行かれたときも、似たようなことがあった。上野駅のホームで、礼宮さまが、アッという間に、端のほうへ歩いて行かれたのである。このように、礼宮さまは、ヨチヨチ歩きのころから、こわいもの知らずの行動が多く、まったく油断のならないところがあった。このときも、浩宮さまがいち早く後を追って行かれて、うしろから抱きかかえてくださったのである。

浩宮さまがお食事のときに陛下からお叱りを受け、廊下に立たされたときのことは、前に書いた。そのとき、礼宮さまが、お兄ちゃまに同情して、いっしょに並んで立ったユーモラスな場面は、何度思い出しても微笑がこみあげてくる。

その場面での、浩宮さまと礼宮さまの心理の動きが、それぞれの個性を語っていて面白い。

浩宮さまが罰として立たされた廊下は、私たちが執務する部屋ともつながっていて、侍従や職員がよく通りかかるのである。浩宮さまは、罰のつらさよりも、侍従や職員に立たされているところを見られることのほうがつらかったようだ。そのうちに、礼宮さまが、「お兄ちゃま、なにしているの？　ボクもいっしょにいてあげるよ」というふうに並んで立ってくれたので、すこしはホッとなさったものの、やっぱり、ていさい悪いことには変わりがない。

そこで、浩宮さまは、一計を思いつかれた。それは歌を歌うことであった。

（歌っていれば、罰で立たされているのだとは見えないだろう。廊下で遊びながら歌っているように見えるだろう）

もっとも、このあたりは浩宮さまに確かめたわけではないが、宮さまの心の動きに慣れている私の想像だから、当たらずといえども遠からずといったところだろうと信ずる。

ともあれ、浩宮さまは、大きな声で歌いはじめた。礼宮さまは、とつぜん歌いはじめたお兄ちゃまのお口許《くちもと》をポカンと見ておられたが、ご自分は何をなすべきかを、すぐに了解されたようである。

（ボクハ、オニイチャマトイッショニ、ウタワナケレバナラナイ）

と、決意されたのである。

すぐに、二重唱になった。礼宮さまのたどたどしい歌い方が加わったので、まことに二重唱というにふさわしいものになった。

この様子をごらんになった皇后さまは、

「あれでは、叱られたことを忘れてしまっているでしょうね」

と苦笑された。

私は私で、笑いをこらえながら、礼宮さまはお兄ちゃまを尊敬し、多くの場合、お兄ちゃまにいたわられながらも、イザというときは、お兄ちゃまの救いになる方なのではないだろうか、などと、真剣に考えたりしていた。

礼宮さまがお生まれになっていらい、浩宮さまのご教育は、ごきょうだいの間でおのずからなされる部分が出てきたということを、私は感じた。一般的に言っても、きょうだいというものは、お互いに教育的役割を果たすもののようだ。

浩宮さまと礼宮さまの、ご性格のちがいを感じさせる場面は、数えきれないほどある。

ひと言でいえば、浩宮さまは、線の細い感じだが、意外にシンの強さを持っておられる方だし、礼宮さまは逞《たくま》しそうに見えて、意外に感情にモロいところがある方である。

もっとも、人間の性格をひと言でまとめるのは、かなりデフォルメし、単純化した塑像《そぞう》をつくるようなもので、わかりやすくはなるが、事実を語りつくせないうらみが残る。

げんに、浩宮さまの「線の細い感じ」ということも、幼稚園から初等科の前半あたりまでの私の印象が強く支配している。初等科で剣道をはじめられたあたりからの浩宮さまは、みるみる逞しくなられ、私の頭にこびりついている印象は、いくらか修正しなくてはならないと感じたものだった。

ただ、おふたりの宮さまを並べてみた場合、印象はやはり対照的なのである。共通しているのは繊細な感受性とやさしさを持っておられることである。これは今上天皇・皇后さま〔現在の上皇上皇后両陛下〕から公平に受け継がれたものであろう。

浩宮さまは、お友だちの集団に入ってゆく前に、慎重に、様子をごらんになるといったところがある。入って行ってしまえば、もちまえのやさしさと思いやりがだれにでも通ずるので敬愛されるのであるが、そうなるまで、時間がかかるのである。幼稚園入園のときも、初等科入学のときも、そうであった。

一方、礼宮さまは、物おじなさるというところがない。すーっと仲間になれるし、たちまち意気投合して相撲《すもう》ごっこをはじめるという気軽さがおありだった。もし、集団から離れている場面があったとしても、それは、浩宮さまのように、慎重に様子を見ていらっしゃるのではなくて、ご自分はご自分で、ほかのことをやりたいから離れていらっしゃるだけなのである。


多くの共通点を持ちながら、微妙に違うものがあるということから生まれる美しいバランスが、お二人の宮さまにはあって、それがお側にいる私などから、あるときはほほえましく、あるときは感動的に眺められるのであった。

四十五年十一月、浩宮さまが鳥羽《とば》〔三重県〕へ旅行なさったことがあった。浩宮さまは、そのとき、皇后さまへのお土産《みやげ》に、真珠のネックレスをお買いもとめになった。

そのネックレスは、正札には千六百円とあった。浩宮さまはご自分の財布をゴソゴソやっておられたが、どうやら間に合った。じつはそのころの浩宮さまは、毎月二百円のおこづかいを皇后さまからいただいておられた。それがたまっていて、鳥羽旅行には千七百二十円を持って行かれたのだった。ネックレスをお買いになったら、あと百二十円しか残らないのだが、浩宮さまは、はじめて皇后さまへのお土産をご自分で買われたことに、満足なご様子であった。

皇后さまとしても、浩宮さまからのお土産は予想しなかったことであり、はじめてのことでもあるし、たいそう喜ばれた。さっそく首にかけ、礼宮さまに、

「お兄ちゃまからお土産ですよ」

とお見せになった。

ここで、おさまらなくなったのは、礼宮さまである。

「ボクも、おたたさまに何かを差し上げよう」

そう思われたにちがいない。

その日、礼宮さまは、お庭に落ちているドングリの実をいくつも拾って、お部屋に運びこまれた。これはあとでわかったことで、そのときは、だれも気がつかなかった。

数日後、礼宮さまが、

「ハイ、おたたさまへのオミヤゲです」

と差し出されたものがあった。

それは、ドングリに紐《ひも》を通した手製のネックレスだった。何日もかけて、礼宮さまは、ドングリのネックレスを作っておられたのである。真珠の優雅さとドングリの民芸的な素朴さ——お子さまの手づくりだからもちろん比較すべくもないが、その二つのネックレスは、ごきょうだいの愛情表現のちがいを象徴している、といってはこじつけになるだろうか。

皇后さまが、先日とはまたちがったお喜びで、そのドングリのネックレスを首に飾られたことはいうまでもない。

礼宮さまはよくお兄ちゃまの真似をなさった。だいたい次男坊というのはそういうものだが、そのために、トクもする。

浩宮さまは週一回習字のおけいこをしておられた。家庭教育のひとつとしての習字（書道）は、精神修養にもなるし、将来、国家的な重要書類にご署名なさるというようなお立場では、立派な文字を書いていただかなければならないという配慮もあってのことであった。

ご指導は、元労働次官の村上茂利《むらかみしげとし》先生だったが、浩宮さまが練習しているのをごらんになった礼宮さまが、例によって、

「ボクも字を習いたい」

と言われた。

そのころは礼宮さまも、すでに学習院幼稚園の年少組だったので、習字をはじめるのに早すぎるということはない。それではということで、村上先生にごいっしょに面倒を見ていただくことになった。習字のおけいこは、お二人いっしょでも差し支えないのだが、お話や手順の都合で浩宮さまが先におはじめになって、礼宮さまが〝出番〟をお待ちになるということもあった。そんなときの礼宮さまは、まるでリレーの二番手が、ハチマキを締めなおして待つような張り切ったご様子で、なんともいえないご愛嬌《あいきょう》があった。

次男坊がトクをするという点で、礼宮さまも例外ではなかった。目立っていたのは、言葉や文字を覚えることが早かったことである。お習字をはじめられて間もなく、毎年秋の恒例になっている宮内庁職員展覧会に、礼宮さまも、習字の作品を出

品なさった。

「天地宇宙日月　文仁」

の漢字八文字だったが、雄渾《ゆうこん》で奔放、じつに見事なものであった。

知的な面では、礼宮さまは動物についておくわしく、動物となるとヘビだろうがガマガエルだろうが、何でもお好きであった。これは、浩宮さまが、子ども向きの動物図鑑《ずかん》を持っておられ、折りにふれてはそれを開いて礼宮さまに説明しておあげになったことと無関係ではないだろう。

このように、礼宮さまはお兄ちゃまを尊敬し、あとについてゆくということが多かったが、浩宮さまとしても、ご性格のちがう礼宮さまに学ばれることがすくなくなかったはずである。はっきり意識しなくても、またすぐに形にあらわれなくても、ごきょうだいは、お互いに啓発《けいはつ》してゆかれたし、これからもそうだろうと思う。

教育という面で、子どもどうし、子どもたちの社会をつくり、その中で学んでゆくものは、想像以上に大きい。

子どもが多いことの楽しさや意義は、このあとで登場していただく紀宮《のりのみや》さまをいれてのお三人だけでも、はっきりとしている。ほんとうに、大きな花のように明るいご一家は、ますます馥郁《ふくいく》とした香りを放《はな》ってゆくだろう。

浩宮さまには、「男の子らしく逞《たくま》しい子に育っていただきたい」ということを、私は願いつづけてき、そのための努力もしてきた。それは、両陛下の強いご希望でもあった。そのために陛下は乗馬や水泳の手ほどきをご自分でなさった。また大きくなってから自動車に酔うようなご体質でも困るということで、陛下はご自分で運転するお車に、浩宮さまをお乗せして御所の庭をぐるぐる回《まわ》るということもなさったほどである。その効果が予期した以上のものであることについては、すでにたびたびふれた。

ところが、礼宮さまについては、はじめから放っておいても逞しくなられるような、安心感があった。もちろん、スポーツについても学習的なことについても、礼宮さまは浩宮さまと似たコースを辿《たど》ってゆかれることになるだろうと思うが、浩宮さまの場合のように、意識して方向づけをする必要がないといった感じが強かったのである。

というよりも、両陛下は、礼宮さまの場合は、自由奔放に、伸びるところを自然のまま伸ばしたほうがいいとお考えになっていったのではないだろうか。

自由奔放といえば、礼宮さまの動物好きとその奔放さが結びついて、私はまったく恐れ入ってしまうことが、たびたびあった。

夏に軽井沢のプリンスホテルにご一家でご滞在中は、よく近くの農家を訪問したものだった。農家の生活や農作物ができるプロセスなどを体験として学んでいただく意図ももちろんあったが、もっと軽い気持ちのレクリエーションという意味もあった。

そんなとき、ヤギ、ウシ、ブタなどの家畜のそばに平気で近づき、頭をなでたり抱きあげたりなさるのは礼宮さまであった。

天衣無縫《てんいむほう》というかなんというか、こわいということをまったく知らないのである。もっとも、私たちは動物を動物として見るからこわいとか気持ち悪いとか思うのであって、大自然の中に生きている同じ仲間だと考えれば、そこにはお友だちとしてのつきあいが生まれるかも知れない。その意味では礼宮さまのほうが正しいと言えるのかも知れない。

それはともかくとして、おつきあいの相手が家畜である間は、まだよかった。軽井沢には、青大将《あおだいしょう》やカエルやトカゲなどという薄気味悪い連中もいっぱいいるのだが、礼宮さまの交際範囲は、その連中まで拡がって行ったのである。

とうとう東京の御所のお部屋で青大将を飼うところまで、礼宮さまの動物好きはエスカレートした。両陛下の海外旅行のお土産《みやげ》におねだりしたカメも飼っていた。カメは可愛いが、青大将には閉口だった。

「浜尾さん、ヘビだよ！」

とつぜん、尻っぽを持って眼の前に突き出されたこともあった。私がビクビクすることをご承知でイタズラなさるのである。

両陛下は、躾《しつけ》のことには、浩宮さまにも礼宮さまにも同じようにきびしかった。人のいやがることをしてはいけないと、たしなめられた。

一般的に言えば、動物を飼うということは、世話をすることや、愛情を実感させるという点で、いいことなのである。ヘビだってカメだって、その点では同じだ。理屈はそうだが、できるならば、人間になじみのある愛らしいものにしてほしいと思うのがふつうの感覚である。しかしここで、両陛下は、礼宮さまの意志を尊重された。

「ほんとうに危険なことはちゃんと教えてあげる必要があります。しかし、不必要な恐怖心を与えてしまうのはいけないでしょう」

両陛下のお考えは、正しかった。正しいけれども、私には、ヘビはいぜんとして気持ち悪い存在であった。正しいことを守るには忍耐が必要だった。

話があとさきになるが、紀宮《のりのみや》さまがお生まれになったときの二人の兄宮さまの興奮ぶりは、愛らしくほほえましいものであった。

紀宮さまのお誕生は、四十四年四月十八日であるから、浩宮さまが九歳一カ月(初等科四年生)、礼宮さまが三歳四カ月である。

お生まれになったのは夜の八時三十分なので、兄宮さま二人は、すでにベッドに入っておられる時刻であった。御所に待機していた当直の侍従が、病院からの第一報をお伝えするためベッドのそばへ行くと、お二人とも目をパッチリ開けておられたらしい。

「明日は会いに行けるネ」

と、浩宮さまが顔を輝かせて言われたそうだ。

浩宮さまと礼宮さまが病院に駆けつけたのは、翌十九日の午後一時過ぎであった。浩宮さまが学校を終えて帰っていらっしゃるのを、礼宮さまは、もどかしく待っておられたのである。

新生児との対面には、白衣を着てマスクをしなければならない。浩宮さまも礼宮さまもマスクが大きいので、顔がほとんど隠れてしまいそうであった。

「かわいいネ」

ベッドをのぞきこんで、お二人は、口をそろえて、言われたという。私は部屋の外で、お二人の表情と皇后さまのご満足《まんぞく》そうなご様子を想像しながら、お待ちしていた。

部屋を出てこられたお二人に、

「赤ちゃんは、いかがでした?」

と、私がたずねた。礼宮さまが、

「ボクの弟みたい」

と、言われた。

「弟ではなく妹でございましょう？」

と私が申し上げると、

「だって、リボンをしていないもン」

と、自信たっぷりなご返事なので、大笑いになった。

お二人にとっては、はじめての女のごきょうだいという感激がおありだったにちがいないが、礼宮さまは、それに加えて、お兄ちゃまに昇格（？）なさるという嬉しさが、抑えようもなく表情にあらわれていた。

宮内庁病院から御所にお戻りになった紀宮さまは、お人形のように愛らしくベビー・ベッドの中に眠っておられた。そのベビー・ベッドに、浩宮さまと礼宮さまは、ひそひそと相談しながら、赤いリボンを結んであげたりなさった。妹なら赤いリボンがいると、礼宮さまが主張なさったのかも知れない。

浩宮さま、礼宮さまの赤ちゃん時代にそうしたように、皇后さまは、紀宮さまを乳母車に乗せて、よく御所の庭を散歩なさった。

浩宮さまは学校に行っておられる時刻なので、お供はたいてい礼宮さまである。

そんなお姿を遠くから拝見するたびに私が思ったことは、皇后さまが、お子さまの心をのびのびと開放する名手であられるということであった。

一般的にいってきょうだいが生まれるということは、上の子にとっては喜びであると同時に、奇妙に心が騒ぐものなのである。間が離れていればいたで、それまで独占していた両親の愛情が赤ちゃんに持っていかれるような不安をおぼえる。年齢が接していれば、ほのかなライバル意識が頭を持ちあげる。

皇后さまは、子どもが三人いれば、ひとりに三〇パーセントずつ顔を向けるのではなく、みんなにそれぞれ一〇〇パーセントずつ向いているということを感じさせることが大切だということを、よく心得ていらっしゃるお母さまだった。

だから、礼宮さまがお生まれになる前は浩宮さまに対して、また紀宮さまがお生まれになる前は、お二人の兄宮さまに対して、「赤ちゃんをいっしょに可愛がりましょうね」というふうに、心の用意をさせられることをお忘れにならなかった。

それでも御所の庭を紀宮さまをお乗せした乳母車で散歩なさるとき、礼宮さまは持ち前の行動力（?）を発揮されて、「ボクも乗せて!」と、乳母車の指定席を占めようとなさったりもしたようだ。皇后さまはそこで礼宮さまを抑えるのは賢明な策ではないと知っていらっしゃるので、やむを得ず〝大きな赤ちゃん〟も同乗させられた。大きな乳母車で紀宮さまのとなりに席を占めた礼宮さまは、とたんにご機嫌になり、大きな声で歌を歌い出すのだった。

ごきょうだいの間の心理的なさざ波は、なにごともパッパッと言葉や行動に出される礼宮さまに多かったようだ。

紀宮さまがお生まれになった年の夏も、ご一家は、軽井沢へ避暑に行かれた。

ある日、皇后さまのお友だちの訪問があった。なんといっても、話題の中心は、生まれたばかりの紀宮さまのことであった。お客さまが紀宮さまを抱いてあやすと、遊んでいた礼宮さまが、すーっと近づいてこられた。しかし、別に何かを話しかけようというのではなく、紀宮さまを抱いたお客さまのそばにくっついておられるだけである。いつもなら、お客さまがある間は、お庭で元気に遊びまわっておられるはずなのに、その日だけは、ご様子が、おかしかった。

もちろん、皇后さまは、礼宮さまの心の動きに気づいておられたようだが、それだけに、「お客さまですから、あっちで遊んでいらっしゃい」などとは、おっしゃらなかった。

案の定、こらえきれなくなった礼宮さまが、お客さまの顔を見あげて、こう言われた。

「サーヤをもっていかないで」

礼宮さまは、大事なサーヤをお客さまがどこかへ連れて行ってしまうのではないかということを、ずっと心配しておられたのである。


ある日、紀宮さまの眠っていらっしゃるベビー・ベッドのまわりで、浩宮さまと礼宮さまが、ひそひそ話を交《か》わしているのを、たまたま近くにいた女官が耳にした。これは、その女官が他の侍従に「お可愛いことをおっしゃるんですよ」と語ったことのまた聞きだが、ひそひそ話の中で、浩宮さまが、

「サーヤは、ぼくたちといっしょに住めなくなるかも知れないよ」

と言われたというのである。

おそらく、いずれ女のお子さまは、お嫁に行かれるという意味なのだろう。

「二人で庭におうちをたててやろうネ」

やっぱりお兄ちゃまらしくなられたな、と思ったものであった。

三人のごきょうだいが、同じ屋根の下で、ご両親のお膝もとですくすくと育ってこられてきたことは、〝ご家庭〟のおしあわせの最大要因といっていいだろう。私は、そのことは、何度くり返しても言い足りない気がするほどに、大切なことだと思っている。

皇室を継ぐ方として

浩宮さまと毎日のようにごいっしょに過ごしていて、私は、ときどき、宮さまのお顔をある特別な感慨をもって眺《なが》めることがあった。

(宮さまは特別なお方なのだ)

ということだが、私の感慨の中にふくまれているものは、もっと複雑であった。別の角度から言ってみると、

(宮さまは、ご自分のお立場を選ぶことを許されないお方だ)

ということでもあった。

私は、この思い出の中で、一般的な意味で子どもの教育についての態度や子どもの心理を語るときに、自分のことや子どものことを引き合いに出すことがあった。そのことによって一人のお子さまとしての宮さまのイメージを浮かびあがらせなが

ら、私自身の宮さまに対する姿勢も語り得ると思ったのであるが、それにもかかわらず、宮さま固有のものとして残る部分を忘れたことはなかった。宮さま固有の部分——それは、宮さまが、将来皇位をお継《つ》ぎになるお方であるということである。浩宮さまのご教育を語るのに、その固有の部分を避けて通るわけにはいかない。

固有な部分は、昭和天皇から今上天皇〔現在の上皇陛下〕へ受け継がれ、今上天皇から皇太子殿下に受け継がれる。

しかし、時代により皇室の在り方というものは、変化している。浩宮さまの中に、その受け継がれるべきものは、どのような姿であるべきか。それは、宮さまのご教育の中に反映していなければならないことである。

そのことを考えてみるためには、昭和天皇の場合と、今上天皇の場合とを振り返ってみる必要があるだろう。

昭和天皇は、学習院初等科五年生であらせられたときに、陸・海軍少尉に任官された。当時の皇族は、すべて陸軍か海軍の軍籍《ぐんせき》を持たれるきまりになっていた。と

学習院初等科三年生の頃の浩宮さま。左は著者

くに昭和天皇の場合は、陸・海軍を統率する最高の位である大元帥になられるという高貴なレールが敷かれていた。大元帥になられるためのご教育が、いわゆる帝王学であった。

大正三年（一九一四）、学習院初等科を終えられた昭和天皇のために東宮御学問所が設けられた。総裁は東郷平八郎元帥、副総裁は浜尾新であった。

この思い出の記の冒頭でもふれておいたが、浜尾新は、私の母方の祖父である。帝大（現在の東大）総長を二期にわたってつとめ、文部大臣をしたあと、東宮大夫《だいぶ》に任ぜられて、昭和天皇のための学問所の副総裁になったのである。専攻は法学であるが、当時は人材がすくなかったためか、美術学校（現在の芸大〔東京藝術大学〕）の校長をしたこともあり、その間、岡倉天心という逸材を見出して、教授に推薦したりしている。

私は、浩宮さまのご教育に専念するようにとの命を受けたとき、昭和天皇のご教育という大任をおおせつかった祖父のことを思い、浅からぬ因縁に、感慨を深くしたものであった。

それはともかくとして、昭和天皇の場合は、高輪御殿（現在の高輪光輪閣〔後に高輪皇族邸〕にあった東宮御学問所で、当時の各界一流の学者を師としてさまざまな学問を身につけられた。選ばれた何人かのご学友が、昭和天皇とともに学ばれた。

学問そのものは、個人的に学ばれようが、集団として学ばれようが同じであろう。しかし、昭和天皇の場合は、その学問を学ばれる場としての学園の雰囲気が、一般の大学などとは、ちがっていた。

今上天皇の時代になると、事情がかなり変わってきた。

学習院初等科にお入りになったのは、昭和十五年。陛下は、幼稚園生活のご経験はない。その初等科を卒業されたのは、昭和二十一年で、その時、すでに世界大戦は終わっていて、日本は軍隊のない国になっていた。したがって、陛下は、軍籍にあられたというご経験もない。学習院の中等科、高等科と進まれ、大学では、法学部政治学科のコースを選ばれた。ご教育のコースが、昭和天皇の場合とちがって、一般の人の教育コースに近くなっている。これは、陛下の人間や思想の形成を考えるとき、意味を持つことだったにちがいない。

ただ、大学二年の年、陛下は、昭和天皇の御名代として英国女王の戴冠式に参列するというご公務があり、その前後六カ月間にわたってヨーロッパの各国を歴訪されたので、学生としてきちんと大学に通うことが無理になり、聴講生として大学に在籍される形をとった。だから、陛下のご学歴は、「ご卒業」ではなくて、「ご修了」になっている。

ともあれ、陛下の場合は、一般の学生とほとんど変わらない学園生活を送られた。

大学時代は、馬術部のキャプテンとして活躍されたし、学友とともにおしのびで、青春期にふさわしい冒険——といっても警護なしにご外出するくらいのことだが——をなさったこともあるという話を聞いている。自動車の免許をとられるために、ひそかに鮫洲《さめず》の教習所に通われた時期もあった。昭和天皇の青春期とくらべると、かなり自由になっていた。

昭和二十一年、学習院の中等科に進まれると同時に、アメリカから英語の個人教師としてバイニング夫人を呼ばれた。こういうことも、昭和天皇の時代にはなかったことであった。

また、陛下は、二十一年から、慶應義塾大学塾長だった小泉《こいずみ》信三先生のご進講《しんこう》を受けられたが、先生は、四十一年に亡くなられるまでちょうど二十年間、陛下にとって、あらゆる意味での師であった。皇后さまとのご結婚が成立するためにも、小泉先生がなくてはならない方だったことは、よく知られている。

陛下が三歳のときから、昭和天皇・皇太后さま〔香淳皇后〕のお膝もとを離れ、東宮仮御所でお育ちになったことについては、しばしばふれた。

一般の家庭では、両親の許《もと》で育った男の子は、父親の影響を受けることが多い。陛下の場合どうだったろうか。

ご両親のお膝もとから離れてお育ちになったことを、当時の事情をぬきにして、ただちに現在と比較することは間違っていると私は思うが、あれはいけなかった、いまはいいという単純な考え方が、意外に多いようである。

離れておいでになっても、定期的に昭和天皇・皇太后さまをお訪ねしてお食事をともになさるということもされていたのだから、コミュニケーションは密だったのである。

教育的な意味で、陛下がいかにも昭和天皇のお子さまらしいところをお見せになる場面を、私は、数えきれないほど見ている。

たとえば、ある年の夏に、こんなことがあった。

ある日、台風が日本に接近していて、その方向が、日本を縦断して北上するか、九州に上陸するか、気をもんでいた。結局、九州に上陸することが確実になった。

「やれやれですね」

私は、軽い気持ちで、そんなふうに陛下に申し上げた。すると、陛下は、ポツリと、

「九州の人たちはどんな気持ちだろうね」

と、言われたのである。

私は、ハッとした。自分中心の言葉を軽々しく口にしたことを恥じた。そして、陛下のお心というものを、あらためて考えた。陛下のお立場では、ご自分がよければそれでいいという小さな考え方は許されないのである。

そのとき、私は、このお心が昭和天皇から受け継がれたものだということを、強く感じた。帝王学というものがもしあるとすれば、それのシンにあるものは、あら

ゆる場合に国民のしあわせということを第一にお考えになるお心であろう。

昭和天皇は、テレビのニュース番組のファンでいらっしゃったということを、私は聞いている。日本でニュース番組を一番多くごらんになったのは、昭和天皇だろうといわれるくらいである。昭和天皇の場合、単に世の中の出来事をよく知っておかれることだけが目的ではなかった。科学技術が進歩し経済的に豊かになれば、どこかにマイナス面があらわれる。昭和天皇は、そのマイナス面にいつもお心を配っておられた。国民の一部がよくなって、一部がとり残されるということがあってはならないというのが、昭和天皇のお心であった。

今上天皇は、早くから、産業の発展に公害がともなうという問題に関心をお持ちになり、そのことをめぐって発言もしておられる。それは、社会評論的なお立場からではなく、国民の象徴としての心の姿勢を示すご発言であった。

この〝心の姿勢〟は、昭和天皇から今上天皇に受け継がれたものであり、さらに浩宮さまが受け継ぐべきものである。

小泉信三先生は、今上天皇の人間形成でもっとも大きな役割を果たした人の一人であった。ご進講がつづいている間に、人生の師としての暖かい人間関係が生まれた。身分上は宮内庁参与ということになっている。小泉先生は、学識経験からいっても、国の内外の事情に深い認識を持っておられる視野の広さからいっても、最高の指導者であった。指導者であるだけでなく、陛下に対して、深い愛情を持っておられたという点で、他にかけがえのない人物だったと、私は思う。

小泉先生が陛下に対して、ふだんどんなお話を申しあげていたか直接うかがったことはないが、皇太子としてのお心構え、世界情勢などに関することが多かったのではないかと思う。英国のジョージ六世の伝記を、ぶ厚い原書でごいっしょに読破されたこともあった。

陛下が小泉先生から学ばれたものは、当然浩宮さまのご教育に反映している。それは具体的にどれということではなく、全人格的なものとして、浩宮さまに影響を与えているはずである。

私は、浩宮さまのご教育に、とくに帝王学として意識された部分はなかったということを前に言った。それは、具体的な教育方法として、帝王学のための時間を設けるということをしなかったということである。

しかし、陛下の人格形成が、昭和天皇から受け継がれたもの、小泉先生から教えられたものによるとすれば、お膝もとで陛下を〝お手本〟とされる浩宮さまは、当然、皇位を継ぐべきお方として学ぶべきことを学んでいらっしゃるということになるだろう。

それで思い出すのは、浩宮さまが浜松へはじめての〝ひとり旅〟をなさったときのことである。〝ひとり旅〟というのは、両陛下とごいっしょでなくという意味であり、だから私だけはお供をした。

そのとき、地元の方たちの歓迎や見学した楽器工場の方たちに、宮さまがご挨拶なさったとき、私はそのお姿が、陛下にあまりによく似ていらっしゃるので、おどろいた。

私は、心に呟《つぶや》いていた――おどろくほうがおかしい、宮さまはすべて陛下をお手本とされているのだから、親と子が似るということだけでなく、似ていらっしゃるはずだ、と。

それまでは、宮さまは人の前に出られるときは、いつも両陛下とごいっしょであった。私は一番近いところにいながら、宮さまがこれほどまで陛下に似ていらっしやることに気がつかないでいたのである。お辞儀をされるポーズ、工場見学などで説明にうなずかれるポーズ、何かを見上げたりのぞきこまれたりするときの、両手をうしろにまわされるポーズ……なにからなにまで、陛下とそっくりであった。

私は、外見的なことだけを言っているのではない。これほど似ておられるということは、宮さまが将来皇位を継承なさるお方として、〝心の姿勢〟も陛下から学んでいらっしゃることだと言いたいのである。

ほんとうの教育というものは、つけ焼刃であってはならない。浩宮さまには、皇位を継ぐべきお方として、これこれしかじかのことが大切ですよというご指導はしていない。そういうことは、長い時間をかけ、あらゆるご学習やご体験の中から、自然に会得されてこそほんものになるだろう。

両陛下は、その意味で、たえず宮さまのことを頭においていらっしゃるし、私も、そのことを忘れたことがなかった。

たとえば、東宮御所を訪問されるお客さまには、宮さまもご挨拶なされるチャンスを両陛下がおつくりになった。御所へ勤労奉仕に見える方たちへご会釈をなさるときも、宮さまをお呼びになったし、外国大公使や内外の芸術家などがお客さまとしてお見えになるときも、応接間に宮さまをお呼びになった。

宮さまは将来いろいろな人とお会いしなければならないので、お小さいときからどんな相手の前に出ても、物おじせずにきちんとしたご挨拶ができなければならない。そういうご配慮が、両陛下にあったのである。

お客さまのいらっしゃる部屋へ行ってご挨拶するということは、宮さまにとって、かならずしも嬉《うれ》しいことではなかった。

砂場で遊んでおいでになるところへ、私の声がかかる。宮さまとしては、砂遊びが佳境《かきよう》に入っているところなのに、じつのところ、どこのどなたともおわかりにならない人のところへ、ご挨拶に行かなければならないということは、気の進まない話なのである。

楽しいお遊びを中断してお手を洗い、お召しかえなさるのは、お子さまとしては、まことに面倒なことだったにちがいない。そうしてせっかく応接間に行かれても、ご挨拶は二分か三分である。

こういうことから宮さまは、ご自分がやりたくないことでも〝おつとめ〟としてやらなければならないことがあるということを、しだいに理解なさったと思う。

他の例をあげると、外泊旅行をなさる場合でも、途中で興が乗れば滞在を延ばすとか、地元の子どもたちとの交歓が楽しければ、予定の時間を変更するなどということは、宮さまの場合はあり得ないことであった。これも特別なお方であるがゆえである。

国民の象徴としての皇位について、ほんとうの認識をお持ちになるのは先のことであろうけれども、宮さまは宮さまらしいご日常の中ですでに、特別なお方としてのご自分に目覚めていらっしゃったといっていいだろう。宮さまがもし、

「ボク、そんなこといまはイヤだ」

とおっしゃれば、私は、

「イヤでもなさらなければなりません」

と申し上げなければならなかったろう。しかし、宮さまは、そういう疑問を、両陛下にはもちろん、私にも示されたことはなかった。

ただ、幼稚園へお入りになってすぐ、先生やお友だちは「宮ちゃま」とお呼びしていたので、「どうしてボクには名前がないの?」と言われたことはあった。ま

た、初等科の後半では、私あるいは他の侍従が毎日お供して行くことを意識され、「お友だちは、みんなもう送り迎えをしていないよ。ボク一人でも帰れる」と言われたこともあった。

こういう幼い疑問も、特別なお立場であることと結びつけてご説明しなければならないことであった。そのように、必要に応じて、お立場を認識していただくためのお話を申し上げると、素直に納得された。

陛下は、ご結婚、お子さまたちの育て方などについて、新しい時代にふさわしく、オリジナリティのある形を実現された。

形にオリジナリティがあるということは、お考えも、常に生き生きとしているということである。陛下と美智子さまは、戦後の皇室に親愛感と魅力をつけ加えた功労者であると私は思うが、浩宮さまもまた、将来の日本のエネルギーとなる世代のアイドルとして皇室の魅力をいっそう高め、国民と皇室との親愛の絆《きずな》として活躍されるにちがいない。

御所を去る日に

昭和四十六年四月一日付けで、私は宮内庁の東宮侍従を退官した。

私の宮内庁在官は、昭和二十六年一月から四十六年三月末までだから、二十年三カ月に及んでいる。それほど長い間おつとめした東宮御所を、四十五歳という年齢でやめさせていただいた事情を、すこし語っておきたい。

四十六年三月はじめのある日、私は上司から東宮御所の人事異動について聞かされた。

それによると、私には、浩宮さまのご教育担当を離れて、事務主管になってほしいということであった。

事務主管というのは、侍従の中では筆頭格であり、両陛下のご公務のマネージメントや予算面の仕事の責任者であった。だから、事務主管になれということは、宮内庁の位置づけからいえば栄転を意味していた。そしてその栄転は、上司の私への好意もふくまれていたと思う。

私という人間は、考えてみれば、おかしなところがあった。二十年間東宮職（公務員）にありながら、一度も地位の昇進をしたことがなかったし、それを望んだこともなかった。それは、陛下〔現在の上皇陛下〕、浩宮さま、礼宮さまと二代にわたる方たちのご教育担当という務めの特殊性によるものであった。

公務員といえば、勤め先はお役所ということになるが、私の場合は、事情がまったくちがっていた。私が与えられた任務を果たす場所は、東宮御所という、両陛下〔現在の上皇上皇后両陛下〕の〝ご家庭〟であった。そこでは、形の上からいっても、仲間との競争を経ての地位の昇進が問題になる場所ではなかった。が、それよりも、私の心の所在が、そういうこととは、完全に無縁であった。

私は上司からこの話を聞かされたとき、諸先輩の好意を感じ、ありがたいと思いながら、一方では、「困ったことになった」と思った。

私が困ってしまった理由は、こうである。まず頭を占めたのは、人事異動という、きわめて事務的な外からの条件変更によって、私が生涯の使命と自分に言いきかせていた浩宮さまのご教育から離れることは、自分で自分の信念を裏切る結果になるということであった。

私は浩宮さまのご教育を担当するように言われたとき、簡単にお受けしたわけではなかった。自分のようなものにその資格があるかどうかを考えて、迷った。宮さまをお世話申し上げるということは、両陛下に対して責任があることはもちろん、国民にとってかけがえのないお方をお預かりするということであった。私は、責任の重さに、おののいた。その点、陛下のお相手をおおせつかったときは、意味がちがっていた。陛下には、小泉《こいずみ》信三先生という偉大な指導者があり、私は主として理数系のご学習のお相手をすれば一応の責任が果たせた。

迷いためらった末にその大任をお受けした経緯《いきさつ》については、すでに書いたので、ここではくり返さない。

私は、その大任をお受けした以上は、私の全人間でぶつかり、あとは神のご加護《かご》を祈るという気持ちであった。

したがって、浩宮さまのご教育担当という私の任務は、私にとって、しばらくの間携《たずさ》わってみるというプロセスではなく、私のライフ・ワークであり、私の人生の目的そのものであった。そのくらいの気持ちにならなければ、お受けできることではなかったのである。

もうひとつ、私は、浩宮さまに対して、私の全人間をぶつけて、不完全な私自身を材料のひとつとして人間というもの、人生というものを考え見きわめるキッカケにしていただきたいと願っていた。そういう役割を果たすのが、教育というものの値打ちだと考えていた。そのために、私は、宮さまのご教育に私のすべてを捧げるというひそかな誓《ちか》いをたてていた。

もちろん、そんなことを幼い宮さまはもとより、両陛下にもお話ししたことはない。私だけのひそかな誓いであるが、しかし、それは私というものを支えるプライドでもあった、といっていいだろう。

「困ったことになった」と感じたもうひとつの理由は、私に事務主管という職務を遂行する能力があるかどうか疑わしかったことである。

私はそれまで事務主管の仕事を見ていて、ほんとうにたいへんなことだと思っていた。私が宮さまのご教育担当という任務に意義を見出しているように、他のコースを歩いている人は、それぞれの考え方をし、努力もしているにちがいない。そして、それぞれの専門の分野で経験のつみ重ねによってエキスパートになってゆく。事務主管の仕事のたいへんさを知っている私は、その任務にそれなりの敬意を持っていた。適任とは思えない自分が、ある日とつぜんそこに替わることに、やはりためらいを感じないではいられなかった。

もっとも、「困ったことになった」と私が感じた二つの理由は、すべて私自身の勝手な考え方によるものである。宮さまのご教育担当という任務にしても、「それはそうかも知れないが、適任の立派な人が他にもいる」と言われれば、それまでの話であった。また、事務的な仕事の能力についても、慎重な人事選考で決まったことなのだから、諸先輩は私にできることだと判断されたことかも知れないのである。現に「君ならやってゆける」と言ってくださった方もあった。

それやこれやで、私は上司に、

「二、三日考えさせてください」

と言った。

しかし、すでに私は、自分の信念に忠実であるためには、身を退くほかはないだろうと決意していたのである。

四月一日、私は宮内庁の宇佐美《うさみ》長官から、退官の辞令を受けとった。

その日、両陛下と浩宮さまは、新潟県の苗場《なえば》へスキーに行っておられた。あとで知ったことだが、苗場スキー場で、浩宮さまは私がやめることを両陛下からお聞きになったらしい。

私は、翌二日、苗場からお帰りになった両陛下と宮さまに、お別れのご挨拶に行った。御所の〝紅葉の間《もみじのま》〟で、両陛下と宮さまは、私を迎え入れてくださった。私は、モーニングの正装で、広い洋間の奥の方に立っていらっしゃるお三人の前に近づいた。

万感《ばんかん》こもごも至るといった感じで、私は言葉が出なかった。ふかくふかく頭をさげた。

「長い間、ごくろうさまでした」

と、両陛下は、こもごも言われた。

宮さまは、黙って私を見上げておられた。感慨が深いときに、言葉というものはあまりあてにならないものだと私は思った。宮さまが何かおっしゃれば、私は自分がうろたえてしまいそうであった。

そんなご挨拶が終わったあと、お茶をいただきながら、思い出ばなしのひととき を持った。

「これからも、お気づきのことは、おっしゃってくださいね」

と皇后さま〔現在の上皇后陛下〕は言われた。

ふと、私は、身分的には東宮侍従でなくなっても、お別れの言葉は申し上げないほうがよかったのではないかと思った。皇后さまのお言葉は、過去のことをねぎらってくださる以上に、私にはありがたく、救いでもあった。寛《くつろ》いでくると、宮さまも、口を開かれた。

「また浜尾さんの家へ遊びに行ってもいいんでしょう?」

そんな宮さまのことばに接すると、私は、胸がいっぱいになってきた。あふれそうになる感情の波を、必死の努力でおさえなければならなかった。

胸の中にたかまってくる熱いものを抑えながら、私は、心の中で宮さまに、こう語りかけていた。

――宮さまのお側から離れなければならないのは残念でたまりません。しかし、人間は、信念のためには、つらい道をあえて選ばなければならないことがあります。どちらがトクだからということではなく、目に見えないものに約束したことを守るということは、人間として一番大切なことではないでしょうか。今は何も申しあげませんが、宮さまが大きくなられたら、きっとわかっていただける日がくると思います。あのとき、浜尾はなぜやめたのだろうかという疑問が湧き、浜尾のとった行動の意味を考えていただける日がきたら、あらためて思い出を語る機会を持ちたいと思います。いいえ、お話ししなくても、宮さまは、きっといつかおわかりになるでしょう。そういう日がかならずくるだろうと信ずることで、私は元気を出して、新しい道を歩きはじめようと思います。

御所をやめてからも、両陛下や浩宮さまと、なにやかやの機会にお目にかかることは多かった。

四月八日に聖心女子学院での仕事がはじまったが、新米《しんまい》教師の私は、授業の準備に忙殺されて、長い間おつとめした東宮御所をやめたという感傷にひたっている暇がなかった。相変わらず官舎での生活はつづいており、両陛下と浩宮さまのいらっしゃる御所は、目と鼻の先であった。朝玄関を出た私の足が御所のほうへ向かって歩き出していて、苦笑したこともあった。

四月十八日は、紀宮さまのお誕生日であった。宮さまのお誕生日は恒例として、お誕生のときお世話になった先生たち、命名の先生、幼稚園の先生などをお招きして、パーティを催《もよお》される。私もお招きいただいて、御所に伺った。

「あ、浜尾さんが見えた！」

パーティのお部屋に入ると、浩宮さまが私を目ざとく見つけ、

と言われた。私は、両陛下に、「おめでとうございます」とご挨拶したあと、浩宮さまに、うかがった。

「お元気ですか？」

「はい」

短いそれだけの会話で心は通った。ほかにお客さまも多いので、私はすぐその場を離れた。

その後、両陛下に呼んでいただいたり、夏の軽井沢で、私も小さな別荘を持って

いるので、そこへ行っている間にプリンスホテルにお訪《たず》ねしたり、浩宮さまからお手紙をいただいたり、御所をやめても、陛下のご家族たちとの交流はつづけていただいている。

御所に呼ばれたとき、こんなことがあった。

私が、昔から学究的な生活が好きで、聖心の教職は雰囲気として好ましいものがあるということを申し上げたら、陛下は、

「それは羨《うらや》ましいですね」

と、おっしゃるのである。陛下も、魚類のご研究を続けておられ、ハゼの研究について発表された数篇の論文があるほどだから、お言葉には実感がこもっていた。

皇后さまにとっては、聖心は母校なので、まだ健在の恩師のことなどを熱心におたずねになった。そして私の専門が理科なので、

「女の子は理科が苦手のようですから、教え方も難しいでしょうね」

と微笑なさって、なにかを思い出されたように、こう言われた。

「クラスの中で、出来ないお子さんに目をかけてあげてくださいね」

皇后さまは、軽いお気持ちで言われたのかも知れないが、それだけに、お心が正

直にあらわれたお言葉のような気がして、私は感銘が深かった。

私は学校の教師としては一年生である。毎日が新しく学ぶべきことの連続であったが、この皇后さまのお言葉は、教師が大切に守らなければならないことのひとつだろうと、記憶にとどめた。

そして、浩宮さまのお世話をさせていただいた長い時間を、もう一度心の中に甦《よみがえ》らせてみた。私は、ご教育担当として最大限の努力をしたつもりだったが、じつは、両陛下から学ばせていただいたことが多かったのではないか。

その後もなにかというとお招きをいただいた。皇后さまのお誕生日（十月二十日）、礼宮さまのお誕生日（十一月三十日）、陛下のお誕生日（十二月二十三日）、年が明けて新年の記帳、浩宮さまのお誕生日（二月二十三日）。

四十七年二月二十三日の浩宮さまの十二歳のお誕生日は、私は学校で職員会議があったためにお茶のパーティには遅れて、しかもモーニングにも着かえられず、チョークのこなのついた背広のままでかけつけた。そのために両陛下にはご挨拶申し上げるチャンスを逸《いっ》したが、久しぶりに東宮職の侍従さんたちと会うことができた。

頃合いを見はからっておいとましようとすると、侍従のひとりが、
「お急ぎですか。もし差し支えなかったら、両陛下がお部屋でお待ちですが……」
私はすぐにお部屋のほうへお伺いした。このときは、宮さまとも、札幌冬季オリンピックの話などがはずんだ。

東宮御所をやめてからの一年間に、浩宮さまから、お手紙を二回、お電話を二回いただいた。

四十六年九月のある日、差出人のところに「東宮職」と書かれた封書が届いた。開けてみると、宮さまからのお手紙であった。

見覚えのある文字が目にうつった。この手紙に限ったことではないが、宮さまの字は決して上手なほうではなかった。一語一語角ばった独特の字で、大小さまざまの大きさの統一のとれない個所が時としてあった。その特徴ある字体を見ると、宮さまの顔が思いうかぶのである。

菅平《すがだいら》の剣道部合宿のこと、秋の星空のことなど、しっかりした文章で書かれていた。

私は、すぐお訪ねしたい衝動に駆られたが、そのころちょうど、出版する本の原稿で忙しくお手紙のご返事を差しあげるだけで辛抱した。ご返事では、本を出すためにホテルに「カンヅメになる」ことの意味についてご説明した。著者を「カンヅメにする」という言葉も面白いし、そういうことがあるということをお知りになることも、社会科勉強のひとつかと思ったからである。

お手紙の二回目は、四十七年一月にいただいた。こんどは剣道の寒稽古《かんげいこ》に、昨年と同じように皆勤《かいきん》したことが書かれていた。

お電話のほうは、ある夜突然かかってきた。

「いま南のほうに見える星は、なんという星なの？」

ということを突然質問なさるお電話だった。そんなとき、私は、また、侍従をやめる前の自分に戻ったような錯覚にとらわれた。

三月二十五日は、学習院初等科の卒業式だった。私は宮さまと同学年の娘美恵子の父として参列したが、かげながら宮さまのお姿を拝見することも楽しみだった。

前髪がすこし額にかかり、キリッとした表情の宮さまが卒業証書を受けられるお姿は美しかった。ご成長へのひとつの節《ふし》を見た感動に、私は、しばらくひたった。快《こころよ》いものが、心を充たした。

その日の夕刻、御所から電話がかかってきた。

「宮さまが、お訪ねしたいと言っておられますが、ご都合はどうですか？」

「どうぞ、お待ちしております」

じつは、私は用事があって出かける支度をしていたのだが、宮さまがおいでになるなら、出かける時刻をすこしくらい延ばすのもやむを得ない。電話を切ったとき、もう、宮さまのお車が着いてしまった。私は玄関へいそいで出た。

「おめでとうございます」

「ほら、卒業証書だよ」

宮さまは、丸い筒をかざすようになさったあと、卒業証書を出して見せてくださった。

「幼稚園のご卒業の日は、私は病院でしたね」

盲腸で入院している私の病室で、まっさきに卒園の報告に駆けつけてくださった浩宮さま。あのときと同じように、またきてくださったのである。

私は嬉《うれ》しくて、いっそ外出をやめて、宮さまと思い出ばなしをしたいと思ったくらいである。しかし、あいにくなことに家の中は、月末に予定されている引っ越し準備で、足の踏み場もないほど散らかっていた。

いくらなんでも、そんな乱雑な部屋に宮さまをご案内するわけにはいかない。私は事情をご説明して、玄関前の立ち話だけで、失礼することにした。

卒業式の翌々日（三月二十七日）、東宮御所で、浩宮さまのご卒業と礼宮さまのご卒園をお祝いするパーティが催された。お喜びが重なったために、両宮さまがお世話になった先生方だけで、六十人を超すパーティだった。

お祝いのパーティは、二部にわかれていて、第一部は〝日月の間〟で、浩宮さまが、『平家物語』のはじめのくだりを二、三ページ朗読された。

「祇園精舎《ぎおんしょうじゃ》の鐘の声、諸行無常の響あり
沙羅双樹《さらそうじゅ》の花の色、盛者必衰《じょうしゃひっすい》の理《ことわり》を顕す
奢れる者久しからず、只春の夜の夢の如し

猛き者も遂には亡びぬ、偏《ひとえ》に風の前の塵に同じ」

難しい文章を張りつめた音声で朗読なさるのに、私は目をみはった。すこし声変わりがはじまったことを感じさせたが、あの「線の細い印象」は、ウソのようであった。

(あの半ズボンのお姿も今日かぎりで、四月からは長ズボンの中学生になられる……)

私は、宮さまの朗読のお声に酔ったように、私だけの思い出を甦らせながら、私だけが味わう感傷にたっぷりひたっていた。

浩宮さまのあとに、当然礼宮さまのお歌でもあるのかと期待していたが、それは、なかった。

「ボクは、いやだ」

と言われたのかも知れないと、私は勝手な想像をし、もしそうだとしたら、それもいかにも、礼宮さまらしいと思ったりしていた。

第二部は、別の部屋〝檜《ひのき》の間〟に移ってパーティになった。なにしろ大勢のお客さまだし、私は卒業式の日におめでとうのご挨拶を申し上げているので、遠くに離れていた。私はいつでもお目にかかれる、こういうときは、ふだんお会いできない先生たちとお話をしていただいたほうがいい、という気持ちであった。

私は、離れたところから、浩宮さまを見守りつづけた。もうすでに、少年らしさから脱皮なさりつつある。そんな宮さまを見守っていると、また、こんなこともあった、あんなこともあったという思いに胸を締めつけられた。

私は、御所をやめるご挨拶をしたあの日のことを、思い出していた。あのとき心の中で宮さまに語りかけたことが、頭の中に浮かんできた。

私は、また宮さまに、言葉にならない言葉で呼びかけていた。

――宮さま、ごりっぱですよ。四月からは中学生ですね。中学生になると、そろそろおとなの仲間入りをするという心構えを持たなければなりません。何かお迷いになるときは「おもうさま(陛下)ならどうなさるだろうか」というふうに考えてください。おもうさまとそっくりのおとなになってください。宮さまはそれがおできになりますし、おたたさま(皇后さま)は、そうなることを一番お喜びになりますよ。

私は、ひたひたとやさしい波のように、心を濡らす感傷をそのまま抱きしめるようにしてパーティの席を抜け出した。

夜になってから、御所のT侍従から電話がかかってきた。

「陛下があとで『浜尾さんが見えていたようだが……』とおたずねでしたよ。ちょっと残って、お話しされるとよかったのに」

ということだった。

私が、なにか大事なものを抱きしめてパーティの席を出たことは、説明することができなかったので、

「ありがとうございます。よくお礼を申しあげてください」

とだけ答えて電話を切った。

受話器をおいて、いっとき私は、ぼんやりしていた。心が充たされているのか、空虚になっているのか、自分でもよくわからなかった。

私は自分に言いきかせた。これでいいのだ、もう、なにも思い煩《わずら》うことはないのだ、と。

中学生になられた宮さまは、太陽と栄養分を充分に与えられた若樹《わかぎ》のように逞《たくま》しく艶やかである。

これからのご成長は、国民すべての楽しみであろう。そして私は、自分の思い出によってその楽しみを増幅する。これはありがたいことであり、私にとっては、他のなにものにもかえがたい心の中の宝石である。

そのように考えることで、しだいに私は、自分の心がこの上なく充たされていることをはっきり知った。

御所をやめてちょうど一年経った三月三十日、私は、官舎から新しい住まいに移った。

あとがき

少し思い出話をさせていただきたい。

私が東宮御所の敷地の中にあった官舎を引き払って、東京・世田谷の新居に移ってから、何度も浩宮さまにお会いする機会に恵まれた。

そのとき、部活動のお話が出たことがある。長ズボンの中学一年生になられた宮さまが、お好きな剣道をつづけられるだろうことは察しがついていたけれども、初等科時代よりも幅がひろがった部活動の中で、新しく何を選ばれたか私にはちょっと関心があった。

「地学部と地歴部にはいりました」

と、宮さまは言われた。私は、なるほどなるほどと、ひとりでうなずいていた。自然科学へのご興味は、昭和天皇、天皇陛下〔現在の上皇陛下〕から受け継がれたものだろう。また、よくご旅行をなさったその間に、日本の地理や歴史をより深く究《きわ》めたいという思いを強くされたのでもあろう。

いずれにしても、心身ともに逞《たくま》しく成長された宮さまが、ご自分で選ばれた道をしっかりと歩きはじめておられるご様子が感じられて、私は嬉《うれ》しかった。


避暑地の軽井沢でお目にかかるときも、私は浩宮さまと向かいあって、自分が退官して立場が変わったということを、それほど強く意識しない。

東宮侍従を退官後、私は聖心女子学院の理科の教師となったのだが、その私にひとは「東宮御所での生活とは様子がちがってたいへんでしょう」と、いたわってくださった。たしかに周囲の条件はかなり変わったが、私自身は、同じ道をコツコツと歩いている、といった感じしかなかった。そしてそれは今も変わらない。

同じ道――それは、教育の道である。

いうまでもなく教育とは、「教える」ことであると同時に「教わる」ことでもある。私は、宮さまとの十年間で、両陛下や宮さまのお側で、多くのことを学ばせていただいた。私にとって、あの十年間は、教育についての基本的な考え方や姿勢を確かめる大切な期間であった。人間としての全力投球をつづけた十年間だったが、それだけに、その後当時の宮さまと同じ年齢の子どもたちを教えることに私なりの誠意をぶつければ、結局、あの十年間と変わらない自分を見出すだけである。

その意味で、浩宮さまとの十年間の思い出を辿ったこの本は、私が広い世間へ出発するに際して、教育の基本姿勢について私なりのまとめとして試みたひとつの報告書《レポート》といえるだろう。個人的な心情としては、これからも努力して究めてゆかなければならない道の途中に建てたささやかな里程標《りていひょう》でもある。

お電話でお話ししたり、お手紙を交換したり、お目にかかったり、これからも宮さまとのご縁はつづくだろうから、私は淋しくはない。むしろ、宮さまがどんどん成長なさるご様子を見守ることができ、立派な皇太子となられたお姿を拝見することなど、私だけの格別の楽しみを抱けることを幸せに思う。

そして宮さまのことをふと考えるとき、私の祈りは、いつもひとつのことに落ち着く。

――どんな境遇にあっても、自分自身に耐える強さをもっていただきたい。

これは、私が宮さまのご教育にたずさわるようになった当初の頃、両陛下ともご相談したご教育の基本方針のひとつである。ご教育の最終目標を一言でいうならば、そういうことになると私は信じている。

それと今ひとつ、私がこの本を書いた目的をいうならば、現在の皇室についての一部誤り伝えられていることに対して、私自身が直接目で見、肌で感じた真実を伝えたかったこともある。

また私は、聖心女子学院で女子生徒を教えていた経験から、先に『女の子の躾《しつ》け方』という本を出版した。こんどのこの本は、浩宮さまという特別なお方を対象にしたとはいえ、基本的には「男の子の躾け方」という内容になっているのではないかと思う。そういう読み方をしていただければ、これからも教育の道を歩みつづける私としてはありがたいのである。

平成四年夏

軽井沢山荘にて

浜尾　実

解説

日本テレビ 解説委員（皇室担当）
笛吹雅子《うすいまさこ》

心に残っている天皇陛下の姿があります。

第18回全国障害者スポーツ大会（平成30年10月）で福井県を訪問された際のこと。私は宮内記者として同行取材をしていました。バスケットボール競技の観戦後、体育館から出てきた陛下（当時は皇太子さまでした）は、会場前に大勢の人がいるのを見ると、ちらっと側近に目をやり大丈夫そうだと確認して、軽やかに人々に歩み寄られました。そして、予定にないお声がけを始められました。

時間と警備の状況が許せばできるだけ多くの人と言葉を交わし、国民の中に入っていこうとされるのが、陛下のスタイルです。

この日集まったのは子どもが多く、「今、何年生ですか？ 学校はどうですか?」「運動会はあったのですか?」などと、優しい声で次々に話しかけられました。こういう時には長女の愛子さまのことも積極的に話題にされます。「愛子のところも運動会があって、つい最近」などと話され、子どもたちは一気に親近感を持った様子でした。

赤ちゃんを抱いた男性へは、「(西日が) まぶしくない?」と赤ちゃんの顔をのぞき込んだ後、「お子さんですか? かわいらしいですね」と話しかけられました。このお父さんが「2カ月です。お風呂に入れたりして楽しいです」と答えると、陛下は「私も愛子を入れたけれど、楽しいですね」と本当に嬉しそうな表情。「えっ? ご自身で?」と、一緒に聞いていた周りの人たちもまきこんで、その場は更に打ち解けた空気になり、お声がけはどんどん先の人へと進んでいきます。

4歳と2歳だという活発そうな二人のお子さんを連れたお母さんへは、「忙しいですね。色々大変なことはありますか?」と問いかけ、小さな赤ちゃんを見ると、「健やかに成長されますように」と目を細められていました。

年配の人たちへは、「雪が多かったのではないですか?」「雪下ろしはどうされているのですか? 危険なこともあるのではないですか?」と話しかけ、雪が多い地域の苦労をねぎらわれていました。

陛下が車に乗り込み、ニコニコと手を振りながら去られるのを見届けた後、その場にいた人たちは興奮して、「びっくりしたー」「話せると思わなかったー」などと口々に感想を言い合い、そこに居合わせおそらくは初めて会ったであろう人とも、わいわいと親しく、驚きと感動を分かち合っているのが分かりました。

取材設定がなく映像と音声に残っていないのが残念なくらい、陛下と集まっている人たちの間には、温かいやりとりと一体感がありました。

皇后雅子さまや愛子さまがご一緒の時にも、このスタイルは変わらず見られます。

好きな遊びや教科、楽しみにしていること、困っていること、宿題の進捗状況……。そこに居る人たちの話に耳を傾けられます。

ご一家はよく笑い、目をまん丸にして驚き、心配な時にはまっすぐなまなざしを向けられるなど、実に表情豊か。そうして、交流されています。

人々の中に入っていく陛下は、自然体で、明るく温かく、そして、ゆるぎない——。宮内記者として十年あまり取材をさせて頂いてきた中で、そう感じてきました。

側近の一人は、陛下のことを「平《たい》らかな方だ」と表現します。「ぶれない方」であり、「いつも変わらず平らか」、意に沿わないことがあった場合にそれを伝えられることはあっても、いわゆる〝ご機嫌が悪い〟ところは見たことがないといいます。

どのような幼少期を経て、このような陛下になられたのでしょうか。

＊　＊　＊

この本は、陛下の幼少期、浩宮さま時代におよそ十年「ご養育掛り」を務めた浜尾実元東宮侍従が綴ったご養育と陛下との思い出の記録です。

浜尾氏は、「皇室についての一部誤り伝えられていることに対して、私自身が直接目で見、肌で感じた真実を伝えたかった」と記していますが、その言葉の通り、陛下がどのように育ち、どのようなお人柄なのかに思いをはせられる、貴重な記録となっています。

幼い頃の陛下の映像を見ると、傍らにはいつも浜尾氏がいて、手をつなぎ、二人でよく会話をされている様子が映し出されています。徒歩で学習院初等科に向かう際も、陛下は色々なものに興味津々で、あちらを指さし、こちらを指さし。その度に氏が応えているのが分かります。

日本テレビに残るインタビュー映像では、浜尾氏は陛下のお人柄について聞かれ、「芯がお強い、我慢強い、素直、ユーモアのセンスがおありで、明るいご性質」と答えています。

残念ながら、私は生前にお話しする機会はありませんでした。そんな中でこの本の解説を書くことをお許し頂きたいのですが、氏が間近で見て感じてきた陛下の幼少期から今のお姿をつなぎ、探訪するお手伝いができればという思いで、筆を進ませて頂きます。

上皇ご夫妻はそれまでの慣例である乳母には任せず、お手元でお子さま方を育てることを選ばれました。あらたまったかたちでうかがったことはなかったということですが、浜尾氏はご夫妻との統一見解としての基本的な教育方針を、次のようにあげています。

〈人間としてご立派な方になっていただきたいこと〉（39頁）

〈どんな境遇におかれても、その現実に耐えて人間らしいご立派さをつらぬく強さを持っていただきたいこと〉(同頁)

そして、陛下と接するうち、次第にこう感じるようになったといいます。

〈このお子さまは、どこか違う。備わったものがおありになる。耐えるということを知っていらっしゃる……〉(139頁)

具体的にはどのようなご養育がなされていたのか、浜尾氏が記した上皇后さまがルーズリーフのノート・ブックに書かれていたという〝育児心得〟のメモには、母としての細やかな心遣いがありました。

〈錦鶏鳥《きんけいちょう》の餌《えさ》は、毎日「トットット」といってまかせてください。(中略)追いかけて逃げる面白さよりも、餌をあげると寄ってくる面白さのほうを、おぼえさせるように〉〈自分が投げたものは、なるべく自分でとりに行かせるように〉〈一人遊びはつづけさせてください〉等々。(50~57頁)

「自分のことは自分で」とやさしくきびしく育てられる中で、陛下は時には〝愛をもったお仕置き〟も経験され、中にはこんなエピソードも紹介されています。父である上皇さまから廊下に立たされた陛下。いつの間にか5歳違いの弟である秋篠宮さまがそばに寄り添うように立っていて、陛下が大きな声で歌い始め、やがてお二人の二重唱に。その様子に気づいた上皇后さまが「あれでは、叱られたことを忘れてしまっているでしょうね」と話されたというのです。当時の兄弟の絆も感じられる、なんともほほえましい光景です。

上皇さまの「足腰の強い子になってほしい」という願い通り、陛下は幼稚園に入る頃には「相当な健脚」になられたそうです。そして、理屈なしに山がお好き。富士山の標高を早くから覚え、初めての山登りは5歳の時。軽井沢周辺の大小の山々を踏破されていきます。

一方で、優しい心も育まれていました。毎朝挨拶をするように朝顔に水をやり、虫籠の中のテントウムシを「さあ、おうちへおかえり」と草の中へ放されたという幼き日の陛下。上皇さまゆずりですべてに研究熱心なご性格。バイオリンを習い、乗馬は早くから上皇さまの手ほどきを受けられます。読書や音楽鑑賞、スポーツに親しむなど、ご両親の方針のもと一流のものに触れながら感性を養われていく陛下の姿が、この本には記されています。

＊　＊　＊

詩的感受性のあらわれとして浜尾氏が紹介しているのは、学習院初等科1年生の時の「ふじ山をみた」という陛下の作文です。

遊んでいるときに先生が、富士山がみえることを教えてくれ、みんなで屋上にあがったことが書かれているのですが、喜びが爆発しあふれ出ていて、その光景と表情が目に浮かぶようです。

〈ふじ山が、こくりつきょうぎじょうのわきにみえました。

ぼくは、はじめはくもだとおもいました。先生が、

「ふじ山ですよ」

と教えてくださいました。

ぼくはとてもうれしかったです。

みんな大きな声で、

「ふじ山だあ、ふじ山だあ」
と叫びました。
ぼくあんまりうれしかったので、おくじょうからおっこちそうになりました。〉
（121〜122頁）

2月23日、「富士山の日」生まれ。日本山岳会の会員で、富士山に思い入れがあると知られる陛下が、幼い頃からこんなにも富士山がお好きだったのかと、思わず頬がゆるんでしまうのは私だけでしょうか。本書に描かれている幼き日の陛下は、そのまま今のお姿につながっていきます。
浜尾氏は、陛下が〝社会科見学〟として訪問されたデパートや商店街でのお買い物、工場見学、浜松への初めての〝ひとり旅〟にも同行していました。どこへ行くにもカメラに囲まれ、楽しみにしていた富士山の眺望がカメラの放列で見えず「オーちゃん（浜尾氏のこと）、富士山はどこなの？」と心細そうな顔でつぶやいていた陛下が、やがて兄となって経験を積みながら「独立心を育み、たくましく」なられていく過程が、この本では教育係の目を通して綴られています。

上皇ご夫妻とのやり取りや、陛下と秋篠宮さまとのご性格の違いについても、間近で接してきた方ならではの経験と視点で書かれていて、他の方では語れない内容となっています。

浜尾氏は「特別なお方なのだ」「ご自分のお立場を選ぶことを許されないお方だ」と、陛下のことを特別な感慨をもって眺めていたと明かしていますが、中でもはっとさせられるのは、上皇ご夫妻の子育てへのお考えの記述でした。

〈あづかれる宝にも似てあるときは吾子《わこ》ながらかひな畏《おそ》れつつ抱《いだ》く〉（216頁）

我が子・陛下への思いをこう歌に詠まれた上皇后さま。氏はこの思いを「崇高な責任感」と表現し、上皇ご夫妻にとって陛下を育てられることについてはこう記しています。

〈私事であると同時に、ご公務であり、しかも、もっとも重要なご公務のひとつといっていいのではないか〉（同頁）

氏は、新しい時代の生き生きとした考えを持つご夫妻のもとで育てられた陛下が、やがて「国民と皇室との親愛の絆《きずな》として」活躍されることへの期待を寄せていました。

後年、上皇さまは教育の基本方針を問われ、「皇族の場合、親を十分に理解するということは、特に大切だと思っています。皇族が成人して、皇族の務めを果たしていくとき、親と苦楽を共にして来た経験というものは、様々な面で生きていくのではないかと思っています」と語られました。

お考えは、確かに陛下に受け継がれています。

＊　＊　＊

およそ200年ぶりの天皇退位を経て、日本は令和の時代を迎えました。

平安絵巻を思わせる即位の儀式。秋晴れの中行われた華やかな即位パレード。長らく療養が続いてきた皇后雅子さまは、沿道に詰めかけたおよそ12万人もの人々の歓迎に笑顔で応え、そっと涙をぬぐわれました。傍らの陛下のまなざしは優しく、そのお二人の姿に胸が熱くなりました。

そして、上皇さまから皇位を継承した陛下の即位後初めての記者会見は、令和2

年2月。何を語られるのか張りつめた空気の中で始まった会見の、その冒頭は、「私は、昨年の5月1日に皇位を継承いたしました。平成の時代には、皇太子として、上皇陛下のお近くで様々なことを学ばせていただき、準備をしてまいりました……」

静かな決意に満ちたお言葉でした。

お立場ゆえ当たり前のこととはいえ、自らの人生を受け入れ準備する——どんなにか重い覚悟なのでしょう。そこには、上皇さまの考えを受け継ぎ、これまでの天皇から学びつつ、新しい時代に合わせた皇室の在り方を追い求めようとされる、新天皇の姿がありました。

*　*　*

ここで、陛下と皇后雅子さまの子育てへのお考えについても考えをめぐらせたいと思います。

両陛下が大切にされている思いは、愛娘の「敬宮《としのみや》愛子」というお名前から受け取ることができます。

「人を愛し、人からも愛され、人を敬い、人からも敬われるような人に育ってほしい」

繰り返し、そう述べられてきました。

陛下は、愛子さまが3歳の時の記者会見（平成17年2月）で教育方針を問われ、「愛子にはどのような立場に将来なるにせよ、一人の人間として立派に育ってほしいと願っております」と話されました。

そして、「愛情を込めて育ててあげることが大切」と、感銘を受けたというアメリカの家庭教育学者ドロシー・ロー・ノルト（故人）の『子ども』という詩を朗読されました。

「批判ばかりされた　子どもは　非難することを　おぼえる」「寛容にであった　子どもは　忍耐を　おぼえる」「友情を知る　子どもは　親切を　おぼえる」といった味わい深い言葉が続くこの有名な詩に関心を持たれた方は、宮内庁ホームページをのぞけば、陛下の記者会見全文とともに読むことができます（出典元は、アーネ・リンドクウィスト＆ヤン・ウェステル著、川上邦夫訳『あなた自身の社会　スウェーデンの中学教科書』新評論）。

令和４（2022）年、天皇皇后両陛下のイギリス・ロンドンご訪問に同行、取材・報道をした際の筆者・笛吹雅子氏（写真は筆者所蔵）

私は平成24年に宮内記者となり、今の天皇陛下が皇太子時代から、国内外の様々な行事に同行し、ご静養といった私的なお出かけの取材でも、天皇ご一家のお姿を拝見してきました。

ご一家が姿を見せられると、あたりがぱあっと明るくなったように感じることがあります。特に愛子さまは常にニコニコされていて、それを見ている人たちも同じようにニコニコ、愛子さまの笑顔が周りに伝わって広がっているような感覚を覚えます。

ご公務では、愛子さまはご自身が感じたことを伝えながら、案内役の人と言葉のキャッチボールを楽しまれている印象で、ご両親である両陛下は幼い頃から様々な対話を重ねてこられたのだろうと感じてきました。雅楽演奏会に陛下と愛子さまが鑑賞にいらした時にも、お二人で頻繁に会話をされている様子がみられました。

ご成年を迎えた記者会見（令和4年3月）で、愛子さまはご自身の性格を「穏やか」「無邪気」と言われることが比較的多いと紹介し、両陛下へは「私の喜びを自分のことのように喜び、私が困っているときは自分のことのように悩み、親身に相談に乗ってくれるような、私がどのような状況にありましても、一番近くで寄り添ってくれるかけがえのない有り難い存在でございます」と感謝を伝えられました。

驚いたのは、撮影のカメラがまわっているところも、ないところでも、全く話し方のペースに変わりがないことで、ご自身の言葉で話されていたのだと思います。

大学院進学や留学も注目されていた中で、日本赤十字社への就職を選ばれた愛子さまから伝わってくるのは、内に秘めた力……。ご自身の心を信じて進まれる芯の強さのようなものといえばよいでしょうか。陛下は、記者会見で披露したあの『子ども』の詩の通りに、愛子さまに接してこられたのだろうと感じています。

陛下の幼少期、「強く、たくましく」と自らの全人間をぶつけて向き合った浜尾実氏。ご養育掛りの退任後は、教育の道へと進みます。本書や残された映像、インタビューなどからは、氏の持つ明るさや強さ、人が持つ根っこの部分へのポジティブな信頼というようなものを感じます。

その明るさは、幼き日の陛下に少なからず影響を与えたのではないでしょうか。陛下は夫となり、父となられました。その〝イズム〟はもしかすると愛子さまへも……。

学習院女子大学で講義をした際（平成31年1月）、陛下は「赤毛のアン」の主人公アンの言葉を引用されました。「曲がり角を曲がった先に何があるかは分からない。でもきっと一番良いものに違いないと思うの」と。そして、「皆さんも希望を持って学生生活やその後の人生を歩んでいただきたいと思います」とエールを送り、その講義を締めくくられました。

〈――どんな境遇にあっても、自分自身に耐える強さをもっていただきたい〉（277頁）

浜尾氏が陛下に託し、本書に遺した祈りが、時を超え、これからの時代の人々を照らしてくれますようにと願わずにいられません。

本書は、1992年９月にＰＨＰ研究所より刊行された作品を文庫化したものです。

著者紹介

浜尾　実（はまお　みのる）
1925（大正14）年、東京に生まれる。1948（昭和23）年、東京大学工学部応用化学科卒業。1951年から1971年に至るまで、東宮侍従として、皇太子殿下（現在、上皇陛下）、浩宮さま（現在、天皇陛下）にお仕えする。同年から1981年まで聖心女子学院教諭。その後、教育評論家として講演や執筆活動に専念。2006（平成18）年、逝去。著書に、『殿下とともに』（角川文庫）、『新装版　子どものほめ方・叱り方』（ＰＨＰ文庫）など多数。

ＰＨＰ文庫　浩宮さま
強く、たくましくとお育てした十年の記録

2024年12月16日　第１版第１刷

著者	浜尾　実
発行者	永田貴之
発行所	株式会社ＰＨＰ研究所
東京本部	〒135-8137　江東区豊洲5-6-52
	ビジネス・教養出版部　☎03-3520-9617（編集）
	普及部　☎03-3520-9630（販売）
京都本部	〒601-8411　京都市南区西九条北ノ内町11
PHP INTERFACE	https://www.php.co.jp/
組版	株式会社PHPエディターズ・グループ
印刷所 製本所	TOPPANクロレ株式会社

ISBN978-4-569-90454-2